IMPRESS NextPublishing

キャリコン 1年目の 教科書

あなたの強みを価値に変える仕事の作り方

森田 昇＝著

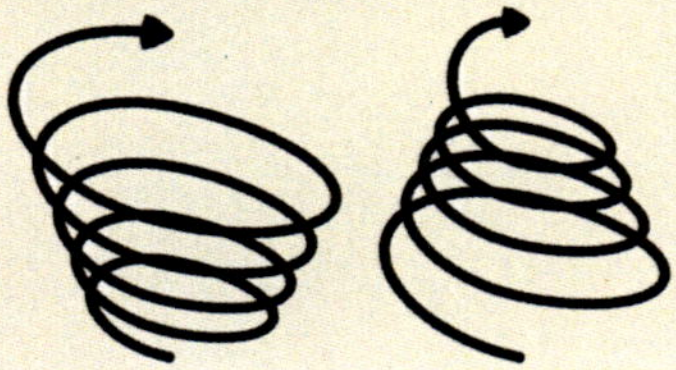

これが、食えるキャリコン。

はじめに　～「キャリアコンサルタントの仕事」は数多く存在する～

国家資格キャリアコンサルタントを取得した皆さん、突然ですが、こんな悩みや不安はありませんか？

・キャリアコンサルタントとして働きたいけど、その方法がわからない。
・キャリアコンサルタントの仕事をしたいけど、何から始めればいいかわからない。
・キャリアコンサルタントの資格を活かしたいけど、使い道がわからない。
・実務経験を積みたいけど、どうすればいいのかわからない。
・だから、資格を取った後に動けない。

この本は、そんな悩みや不安を抱えている国家資格キャリアコンサルタント（長いので以下、できるだけ「キャリコン」と略）向けの本です。特に、資格を取得したばかりの人に読んで欲しい内容となっています。まだ冒頭ですが、先に本書のメインテーマである「キャリアコンサルタントの仕事の作り方」についてお伝えしておきます。

「キャリアコンサルタントの仕事の作り方とは、キャリアコンサルティングの流れそのものである」

キャリアコンサルティングの流れとは、私たちが養成講座や試験対策で学んだ6つのステップのことです（図1）。この流れに沿って行うのが、私たちの仕事の作り方となります。

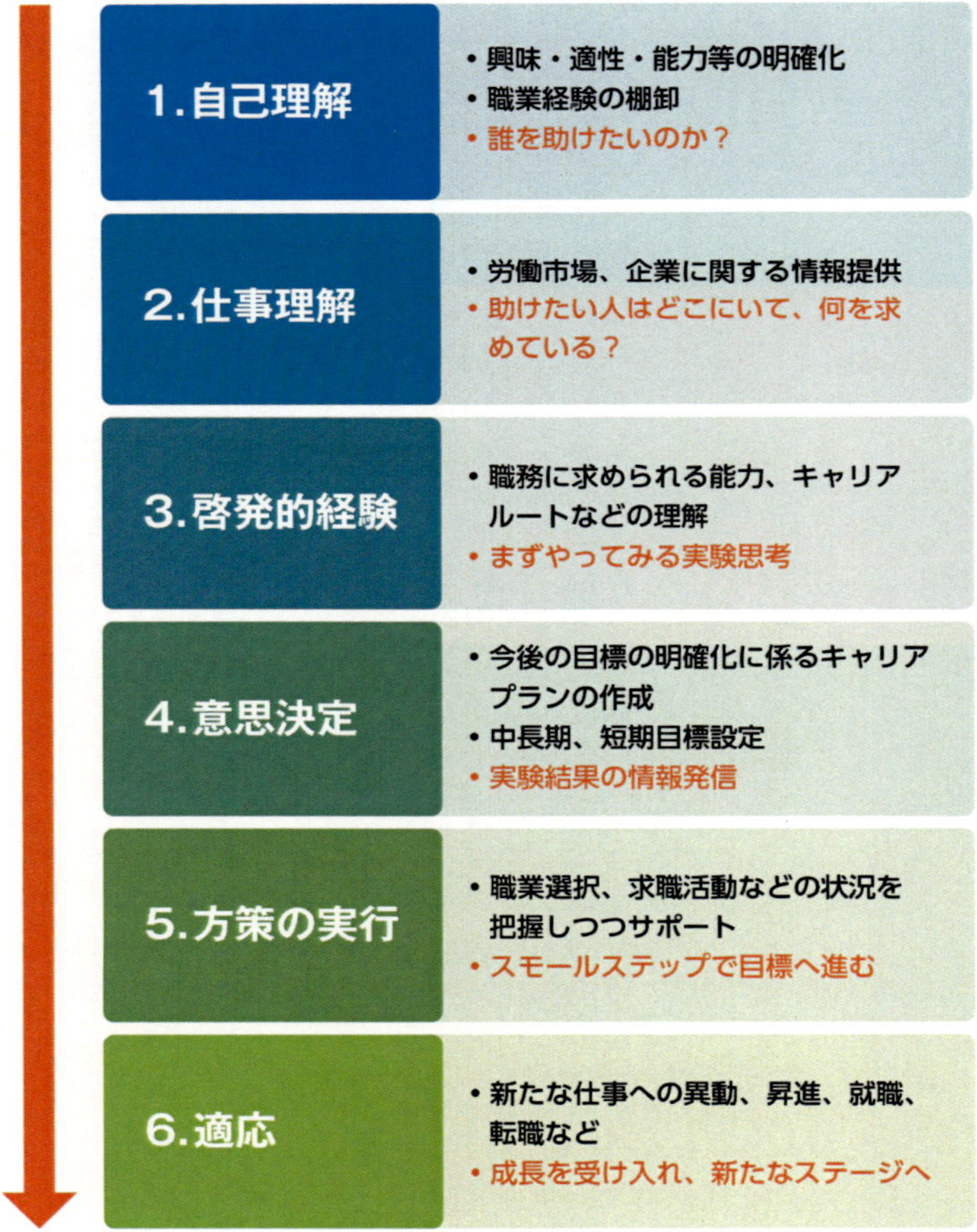
1.自己理解
・興味・適性・能力等の明確化
・職業経験の棚卸
・誰を助けたいのか？
2.仕事理解
・労働市場、企業に関する情報提供
・助けたい人はどこにいて、何を求めている？
3.啓発的経験
・職務に求められる能力、キャリアルートなどの理解
・まずやってみる実験思考
4.意思決定
・今後の目標の明確化に係るキャリアプランの作成
・中長期、短期目標設定
・実験結果の情報発信
5.方策の実行
・職業選択、求職活動などの状況を把握しつつサポート
・スモールステップで目標へ進む
6.適応
・新たな仕事への異動、昇進、就職、転職など
・成長を受け入れ、新たなステージへ

図1：6つのステップ

具体的な全体像は「探求と行動の螺旋図」（図2）に集約しました。今はまだ「?」が頭に浮かんでいると思いますが、それで構いません。

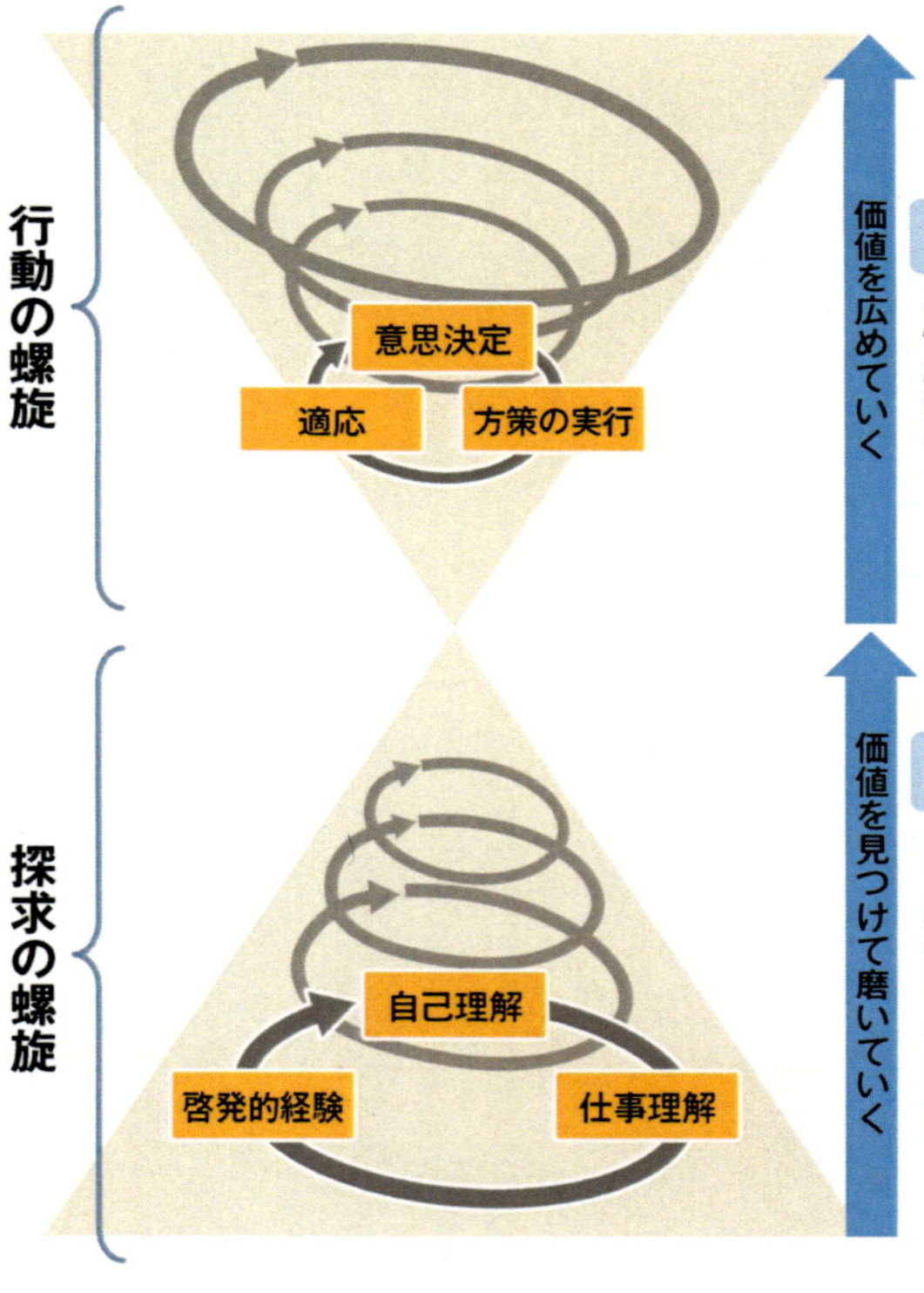

この図が意味していること①

おわりに、の段階。
情報発信により、価値が広まっていくので、螺旋は回転しながら上昇していき、その回転幅も大きくなっていく。

この図が意味していること②

見つける段階（第1部）では大きく螺旋を回し、磨いていく段階（第2部）で研ぎ澄まされていく。

なので、螺旋は回転しながら上昇しつつ、小さな回転となっていき、価値が尖っていく。

図2：探求と行動の螺旋図

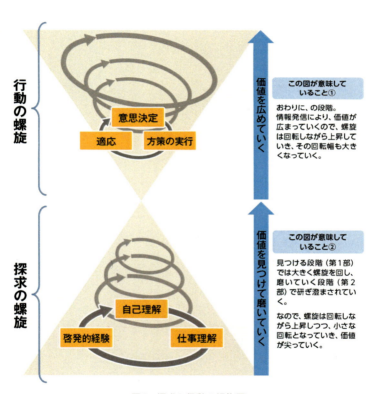

本書は、「キャリアコンサルタントの仕事がしたい」と考えている皆さんが、自分の強みを価値に変えながら仕事を作り出す方法として、

・キャリアコンサルタントの「仕事を定義する方法」
・定義した仕事を通じて「自分の強みを価値として提供する方法」

この2つを体系化して、私たち独自の知識や技術を、それぞれの提供形態に合わせたものです。仕事を作り出すまでのスケジュール感としては、本書に則って進めていけば3ヶ月でできます（図3）。

その1．自分の仕事を定める ①サラッと自己理解 ②モデリングで仕事理解 ③会いに行く啓発的経験	**第1部** **「探求の螺旋」一巡目** **（1ヶ月）**
その2．仕事の価値を定める ①過去と現在の整理 ②他者視点を取り入れる ③コンセプトシート完成	**第1部** **「探求の螺旋」二巡目以降** **（1ヶ月）**
その3．仕事の価値を届ける ①今の職場で届ける ②転職して届ける ③副業で届ける	**第2部** **「探求の螺旋」三巡目以降** **（1ヶ月）**

3ヶ月で「キャリアコンサルタントの仕事」は作れる

図3：スケジュール感

ここでキャリコンの皆さんに、１つ質問です。

【Q】あなたが考える「キャリアコンサルタントの仕事」には何がありますか？（※複数回答可）

①キャリア相談
②転職や就職相談
③履歴書や職務経歴書、ジョブ・カードの作成支援
④各種職業適性検査の実施
⑤定着・採用・組織開発などのＨＲ支援
⑥セルフ・キャリアドック導入支援
⑦ハローワークでの相談
⑧教育機関や若者自立支援機関での相談
⑨学び直し・リスキリング支援
⑩上記に関するセミナーや講座、研修講師

【A】すべてです。

厚生労働省のHPにも書いてある通り、
「キャリアコンサルタントとは労働者の職業の選択、職業生活設計又は職業能力の開発及び向上に関する相談に応じ、助言及び指導を行うキャリアコンサルティングの専門家です。企業、需給調整機関（ハローワークなど）、教育機関、若者自立支援機関など、幅広い分野で活躍しています」

実技試験の例題によくある①や②だけではなく、私たちの仕事は本当に幅広いのです。

しかし、その幅広さゆえに「この世に存在するすべての仕事＝キャリアコンサルタントの仕事」、とも言えてしまいます。私たちが取り扱う「キャリア」とは、職業生涯や職務経歴のことを指しますから、仕事に関連するものすべてが「キャリア」であると言えるため、私たちの仕事の範囲は自ら定義しなければ無限に広がってしまいます。

例えば、部下への１ｏｎ１や取引先への営業、顧客対応といった一般的な会社員の仕事にも、対人が絡むのであれば「キャリアコンサルティングという技術」が使えるため、キャリコンの仕事だと定義することができてしまうのです。

私たちの資格の主管である厚生労働省の「第5回改定 厚生労働省編職業分類」でも、キャリアコンサルタントは職業的にカウンセラーと一括りにされており、仕事も明確には定義されていません。職業としても仕事としてもハッキリと定義・記載されている業務独占資格とは異なり、名称独占資格とはそんなものです。

申し遅れました。私、この本の著者である一般社団法人リベラルコンサルティング協議会代表理事の森田昇です。これまでに、

『売れる！ スモールビジネスの成功戦略』（明日香出版）

『年収300万円から脱出する「転職の技法」』（日本能率協会マネジメントセンター）

『生涯収入を最大化する「就活の技法」』（日本能率協会マネジメントセンター）

という本を3冊出版しています。ＹｏｕＴｕｂｅでも皆さん向けに「キャリコンの資格取得後にどう稼ぐのか」を中心に発信しているので、「それだけ仕事やお金につい

て情報発信しているのだから、最初から仕事がたくさんあったのだろう」と思われるかもしれませんが、違います。資格を取得した後、私はまったく仕事を得ることができませんでした。

何でもいいからと仕事を欲しがるあまり、

「この初級講座を受講してくれたら仕事を紹介するよ！」と言われ数万円支払うも、紹介はゼロ。

「この上級講座を受講すれば優先的に仕事を回すよ！」と言われ数十万円支払うも、仕事はゼロ。

「この商品を購入して友達数人つないでくれれば紹介料で儲かるよ！」と言われ話を聞きに行くも、ＭＬＭ（マルチレベルマーケティング。いわゆるマルチ商法）で数時間拘束される。

羅列するだけで泣きたくなりますが、すべて実話です。

「キャリコンだけでは足りないから、次は〇〇の資格を取らなければ！」と、仕事を得る行動をすることなく、資格の学びばかりする人も大勢います。過去の私もそうでしたが、それでは仕事につながりません。また、仕事を得るためにお金を支払うことはリスクが高いです。どんなに魅力的に見える条件であっても、事前に金銭を要求されるオファーには十分警戒しなければなりません。

こういった仕事を得るうえでの失敗経験と、中小企業診断士（経済産業大臣が登録する国家資格で、中小企業の経営課題に対応するための診断・助言を行う専門家の名称。いわゆる経営コンサルタント）として学び続けている経営理論、そして数々の「稼ぎたいキャリコン」と対話・支援してきた実績と方法論を融合させたのが、この本で紹介する「探求と行動の螺旋図」とその活用方法です。

「キャリアコンサルタントの資格を取ったけど、仕事がない」

と嘆いているだけでは、仕事はやってきません。では、どうすればいいのか？　今までの「キャリアコンサルタントの仕事」に関する議論の多くは、先人たちの貴重な体験談に基づいていますが、それらの体験談が必ずしもすべての人に当てはまるとは限りません。これからの時代には、新しい視点や方法論が必要です。

本書で提案するアプローチが新しい常識となり、これからのキャリアコンサルタントの道を切り開く1つの王道として受け入れられることを願っています。

それでは、国家資格キャリアコンサルタントの皆さんに、「キャリアコンサルタントの仕事の作り方」を解説していきましょう。

第3章　今の職場に貢献する方法　67

第4章　転職して新しい環境に挑戦する方法　88

第5章　副業を通じて価値を広める方法　100

第１部　キャリアコンサルタントの「仕事を定義する方法」

資格を取得しただけでは、仕事にはつながりませんし、得られる仕事もありません。資格に合格して最初に行うことは、「自分がどんな場面で、誰に、どのような価値を提供できるか」を定義することです。

ここでは、まず「仕事を定義する方法」について解説します。あなたの強みや経験をどのように活かして、あなた自身の独自の価値として形にしていくのかを考えていきます。

第1章　自分の仕事を定める

冒頭で述べた通り、「キャリアコンサルタントの仕事」の範囲は、明確に定義されていません。名称独占資格であるため、私たちは倫理綱領に反しない限り、どのような働き方を選んでも問題ありませんし、仕事の内容も自由です。しかし、自由度が高過ぎることが、かえって「何をすればいいのか？」という迷いを生み出しています。「キャリアコンサルタントの仕事」を自ら決定する方法は、キャリアコンサルティングの6つのステップの最初の3つ、①自己理解、②仕事理解、③啓発的経験、を繰り返し実践することです。私はこれを「探求と行動の螺旋図」のうちの1つ目の螺旋、「探求の螺旋」と名付けました。

▼「探求の螺旋」を一巡させる

「私たちの仕事を決める前に、まず自己理解から始めたいと思います。自分の好きなことや強み、価値観についてアセスメントツールなどを使ってじっくり内省しないと、自分に合った仕事もわからないでしょう?」

と、自己理解を徹底的にやりたくなる人もいるかもしれませんが、それでは行動に移れません。何をしたらいいのかわからない状態から抜け出すことができず、ずるずると時間だけが経ってしまいます。その結果、仲間内でのロープレに留まることも少なくありません(ロープレを否定しているわけではないです、念のため)。

自己理解から始めるのは確かに正しいです。正しいのですが、それだけに集中するのではなく、次の仕事理解・啓発的経験までの「探求の螺旋」を超高速で一巡させることが何よりも重要です。なぜなら、資格を取得した後に動けない人は「キャリアコンサルタントの仕事」に対する解像度がまだ低く、どのような仕事がやりたいのか、何が求められているのか、どのような価値を提供できるのかが、まだハッキリと見えていないからです。有識者からキャリアコンサルティングを受けるのが一番手っ取り早いですが、相談内容も曖昧なままでは、それを紐解くだけで時間がかかりますからね。

「キャリアコンサルタントの仕事」というものの解像度を上げるためには、自己理解の次のステップである仕事理解を進めなければなりません。仕事理解とは職業・職務、キャリア・ルートの種類や内容を理解することですが、ただネット検索する、生成AIに聞いてみる、養成講座の同期に相談する、だけでは十分ではありません。時間がかかるうえに、得られる情報も断片的です。

そこで、次の啓発的経験も組み合わせます。キャリアの選択や意思決定の前に、インターンシップや職場見学、職業訓練、ボランティア活動などへの参加で一通り仕事を体験してみるのが啓発的経験ですが、経験することで自己理解と仕事理解がより深まり、早期に具体的な行動に移ることが可能となります。実際に見て、聴いて、やってみることで、仕事が自分に合っているかどうかの判断もできるようになるのです。

転職も就活も同じように、自己理解から始めるのは正しいアプローチです。ですが、仕事理解と啓発的経験が伴わない自己理解は不完全であり、危険です。特に、未経験の仕事が自分に合っているかどうかは、実際に経験してみなければわからないものです。昔の私も自己理解ばかりして迷宮入りしていたことがありました。

そこで学んだのが、とにかく「探求の螺旋」を一度回してみることの重要性です。

自己理解の段階に留まることなく、仕事理解と啓発的経験もセットで「探求の螺旋」をまずは素早く一巡させます。その具体的な方法を、順を追って解説していきます。

▼自己理解はサラッとでいい

当たり前の話ですが、数ある資格の中で国家資格キャリアコンサルタントを取得しようと思った理由や動機があると思います。まずはそれを思い出してみてください。というより、「探求の螺旋」の一巡目の自己理解はそれだけで十分です。

この後の「探求の螺旋」質問集と各フレームワークはQRコードからダウンロードできますので、印刷してご活用ください（他にも特典がありますので、ぜひ受け取ってくださいね）。

※キャリコン1年目の教科書
読者限定無料プレゼントページへ飛びます

では、最初の質問です。印刷した質問集にペンで書いてみましょう。

【Q1】あなたがキャリコンを目指した理由は？

養成講座へ通うなど勉強を進めていくうちに、意外と忘れてしまいがちなのは、「なぜ目指したのか」という原点です。養成講座では、キャリア理論を代表とする膨大な知識やキャリアコンサルティングの技術を身につけることに四苦八苦し、資格取得に向けた勉強が進むにつれて、当初抱いていた「キャリコンになりたい理由」や「目指したきっかけ」が、つい後回しになってしまいます。さらに、キャリア理論を学んでいるうちに、自分自身のキャリアを深く考え込んでしまい、「誰のために、何のためにキャリコンを目指しているのか」という大切な目的が埋もれてしまうこともあります。

こうした原点を見失うことは誰にでも起こり得ることです。だからこそ、「なんでこの資格を取ろうと思ったんだっけ？」と時折振り返ることが、自分ごととして「キャリアコンサルタントの仕事」を定義し、進むべき道を明確にするための大きな助けになります。

逆に、きっかけが「業務命令だったから」とか「会社の資格手当が欲しかったから」だとしても、それで全然構いません。学んでいる間に、自分のキャリアについて考える時間がたっぷりあったはずですし、考えているはずです。「この資格を活かして何かやってみようかな」と思い始めたのなら、それを理由にしてＯＫです。それが最初の一歩ですし、それで良いのです。

ちなみに私がキャリコンを目指した理由は、中小企業診断士の活動に活かすためでした。

「中小企業診断士の活動をするなら、社長と話す機会が増える。社長って話好きだから、聴くスキルを磨くといいよ。そんな国家資格があるって知ってる？」

これ、某社会人予備校の中小企業診断士の講師仲間からもらったアドバイスです。それで興味を持ち、養成講座に通い始めたら、その講師が実はキャリアコンサルティング技能士2級を持っていて、担当講師だったというオチ（今となっては感謝しかありませんが、当時は「これは売り込みだったのか？」なんて思いましたね）でした。

あと2つ、質問を加えます。

【Q2】3年後、どのような自分になっていたいですか?
【Q3】1年後、どのような自分になっていたいですか?

Q1だけでも十分だとは思いますが、キャリアをデザインするうえでは、中期的な目的を定めることも大切です。この2つの質問にも、ぜひ答えてみてください。質問を3つ合わせても30分かからないと思いますので。

3年後の自分なら、何となくイメージが湧くのではないでしょうか。一般的なキャリアデザイン研修では「5年後、あるいは10年後」まで考えさせることが多いのですが、この変化の激しい時代においては、5〜10年後を予測・想像するのが難しくなっています。生成AIをはじめとするデジタルツールの進化が目覚ましく、未来は大きく変わり得るからです。

中学や高校時代を思い出してみてください。3年というのはあの頃、十分長く感じられましたよね? 3年後の自分の姿を想像するだけでも、遠い未来のように感じられるはずです。不思議なことに、大人になると3年が短く感じてしまうものですが、少なくとも養成講座に通った時間は「すごく長かった！」と感じていると思います。本当に、長かった！

▼仕事理解は「モデリング」で進める

自己理解をサラッと終えた後は、私の推しメン（理論家）であるバンデューラ博士の「モデリング理論」に従って仕事理解を進めていきます。この理論は「社会的学習理論」と呼ばれ、自分が直接体験していなくても、他者の体験を観察・模倣（＝モデリング）することで学ぶことができるというものです。学科試験でもよく出題される理論なので、覚えている人も多いかもしれませんね。

モデリング理論は、代表者を観察することで他の大多数の人が学習できると説いています。つまり、自己理解で考えた3つの質問の答えをすでに実践している先達を観察することで、効率よく仕事理解が進められるのです。先達の経験を通じて、体系的に仕事について学べるだけでなく、どうすればその人のように働けるのかも自然とイメージできるようになります。

ということで、4つ目と5つ目の質問です。

【Q4】あなたがモデリングする人は?
【Q5】その人はどんな仕事をしていますか?

この質問に答える前に、「キャリアコンサルタントの仕事」についての思い込みや認知の歪みを取り除き、過度の一般化を避けて視野を広げるためにも、次の3つを覚えておいてください。

①「キャリアコンサルタントの仕事」は明確に定義されていない。つまり、何でもいい。
②「キャリアコンサルティング」は技術であって、商品やサービスではない。仕事に使えばそれでいい。
③「キャリコンとして」と考える必要はない。

①については、モデリング対象がどんな仕事をしていても構わない、ということです。前述した通り、何を仕事にしている人をモデリングしても、倫理綱領に反しない限り自由です。私たちの資格の枠に囚われず、幅広い視野で考えてみてください。

売れっ子コーチや、著名なカウンセラーでもいいです。キャリアとはまったく他分野の先生もアリです。現在ＹｏｕＴｕｂｅやＸに力を入れている私は、どちらも伸ばしている士業の先生たちをモデリングしています。

②については、キャリアコンサルティングやキャリア面談を仕事にしなくてもいい、ということです。私自身、技術として仕事に使っていますが、面談でお金を得ているわけではありません。「キャリアコンサルティングは技術であって、商品やサービスではない」は決して忘れないでください。これは多くの人が誤解しやすい点なので、絶対に覚えておいてください。

技術を磨くのであればキャリアコンサルティング技能士2級や1級を目指すこともできますが、技能士になったから仕事を得られる、仕事が来るわけではないのです。「キャリアコンサルタントの仕事＝面談」では決してなく、技術研鑽と仕事の作り方はまったくの別モノです。

③については、モデリングの対象はキャリコンに限定するものではない、ということです。あなたがキャリコンを目指した理由が、資格がなければ実現できないものであれば、私たちの先達をモデリングすればいいでしょう。しかし、そうでなければどの分野の先達でも構わないのです。

「キャリコンとして」と考えると、かえって視野が狭まります。肩書や資格に自分を限定してしまう危険性があるからです。肩書や資格はあくまでツールであり、私たちの本質を定義するものではありません。

「自分∧資格」に決してならず、資格の枠組みの中で生かされてしまうキャリアから抜け出すためにも、「自分自身であること」を大切にして、仕事を通じて自分の価値を発揮することを考えてください。本書ではこの後、「キャリコンとして」という言葉は使いません。NGワード指定です。

私自身、資格取得の理由は「中小企業診断士の活動に活かす」ことだったので、「キャリア面談を仕事にしよう」、と考えたことは一度もありませんでした。独立当初にモデリングしていたのも他分野の先達でしたし、今でもそうです。

もし「モデリングの対象がいない、理想が高すぎる」と嘆くのであれば、正直なところ、それはかなり険しい道になってしまいます。先達がいない仕事をゼロから作り出し、市場を開拓するのは非常に難しいです。そのような挑戦は、特別な覚悟がない限り、オススメできません。

逆に、「モデリングの対象がいない、だけど特に気にしてない」と言い切ってしまうのであれば、それは自己理解・仕事理解が足りていない証拠です。「キャリアコンサルタントの仕事」をするのであれば、必ずQ1～Q5の答えを出すことで、誰かしらモデリングの対象にしてください。そうでないと、仕事の枠がいつまでも定まらず、この後の啓発的経験という行動に移れません。それはあまりにもったいないことです。

モデリングの対象は、誰でも、複数人でも構いません。あなたが憧れている人、なりたいと思う人、目指したい姿の人を、思い浮かべてください。そして、その人たちがどんな仕事をしているのか、実際にどんな行動をとっているのかを、仕事理解として調べてみましょう。

▼啓発的経験は会って、聴いて、受けてみる

モデリングの対象を決めて調べても、実際にその人がどんな仕事をしているのか、どんな行動をとっているのかは、ウェブ検索だけではわかりにくいものです。ＳＮＳを見てもピンとこないし、ＹｏｕＴｕｂｅを眺めてもよくわからない。これ、モデリングあるあるです。

憧れの人が何を仕事にしているのか、なりたいと思う人がどんな想いを抱いているのか、目指したい姿の人がどうやって今の姿になったのか――その情報が欲しいのに、ネット上では見つからないことが多い。あっても、理解しきれない。

これを解決するのが、６つ目の質問です。

【Ｑ６】あなたのモデリングの対象と、どこで会えますか？

遠くから眺めているだけでは、その人の本質はわかりません。ＳＮＳでつながっているだけ、ＹｏｕＴｕｂｅを見ているだけでは、得られる情報は表面的なものに留まります。会うのが最も手っ取り早い方法です。対面でなくても、オンラインでもＯＫ。とにかく会って話をしてみましょう。

どんな考えで、どんな気持ちで、どんな理由で今の仕事をしているのか、キャリアコンサルティングの技術を活かしてじっくり聴いてみるのです。信頼関係（ラポール）を築きながら色々と尋ねてみてください。その人が主催するイベントやセミナー、コミュニティに参加するのも良い方法です。

最後に、７つ目の質問です。

【Ｑ７】会ってみて、どんな話が聴けましたか？

この質問に答えるための最適な方法をお伝えします。それは、モデリングの対象が提供している商品やサービスを購入することです。もし相手がキャリコンなら、キャリアコンサルティングを受けてしまうこと。話が聴けるだけでなく、自分自身の自己理解や仕事理解まで深めてくれます。これほど素晴らしい啓発的経験はありません。技術を実際に体験することで、モデリングもさらに進みます。

注意点としては、必ずお金を支払ってください。そうすることで、自分も相手も本気になります。元を取るために全力で取り組めるからです。

私は、モデリングしている人たちの商品やサービスを購入して試していますし、高額な講座を受講することもあります。これは自己投資だと捉えています。独立して7年間で8桁円近く自己投資しましたが、それらはすべて身になっていますし、何よりネタになります。費用対効果は非常に高いので、オススメです。

もし、あなたが「モデリングの対象と会うのが難しい」、「話を聞くのは恐れ多い」、「だって大先生だもの、遥か上の上司だもの、社長だもの」と感じるのであれば、一度「探求の螺旋」の自己理解に戻ってみましょう。特に2つ目と3つ目の質問が大切です。1年後や3年後でも、まったく届かなそうな人をモデリングしても、その人の行動原理を理解するのは難しいからです。もっと身近な、自分より一歩か二歩進んでいる人をモデリングの対象として、「探求の螺旋」をもう一度回してみてください。

キャリア形成とは、自分自身にとっての「何となくの方向性」を見出しつつ、試行錯誤しながら将来の道について、なるべく精度を高めつつ意思決定していく行為に他ありません。この「何となくの方向性」を未来予想図として描くのが、「探求の螺旋」の一巡目なのです。今から1ヶ月以内にやってしまいましょう。

第2章　仕事の価値を定める

「探求の螺旋」を一巡して「何となくの方向性」が見えてきたら、再び自己理解へと戻ります。仕事理解や啓発的経験を経たことで、一巡目より深い自己理解ができるようになっているはずです。

ここからは、自己理解の２つのフレームワークを活用します。どちらも養成講座で体験したと思いますので、抵抗なく進められるでしょう。「何となくの方向性」を「確固たる成功戦略」へと変えるためにも、「探求の螺旋」の二巡目以降も、一巡目と同様に超高速でトライ＆エラーを繰り返しながら進めてください。

ここで作成するのがコンセプトシートです（図４）。あなたの強みを価値に変え、誰に何をどのように、どれくらいの価値を「キャリアコンサルタントの仕事」で提供するのかを定めていきます。

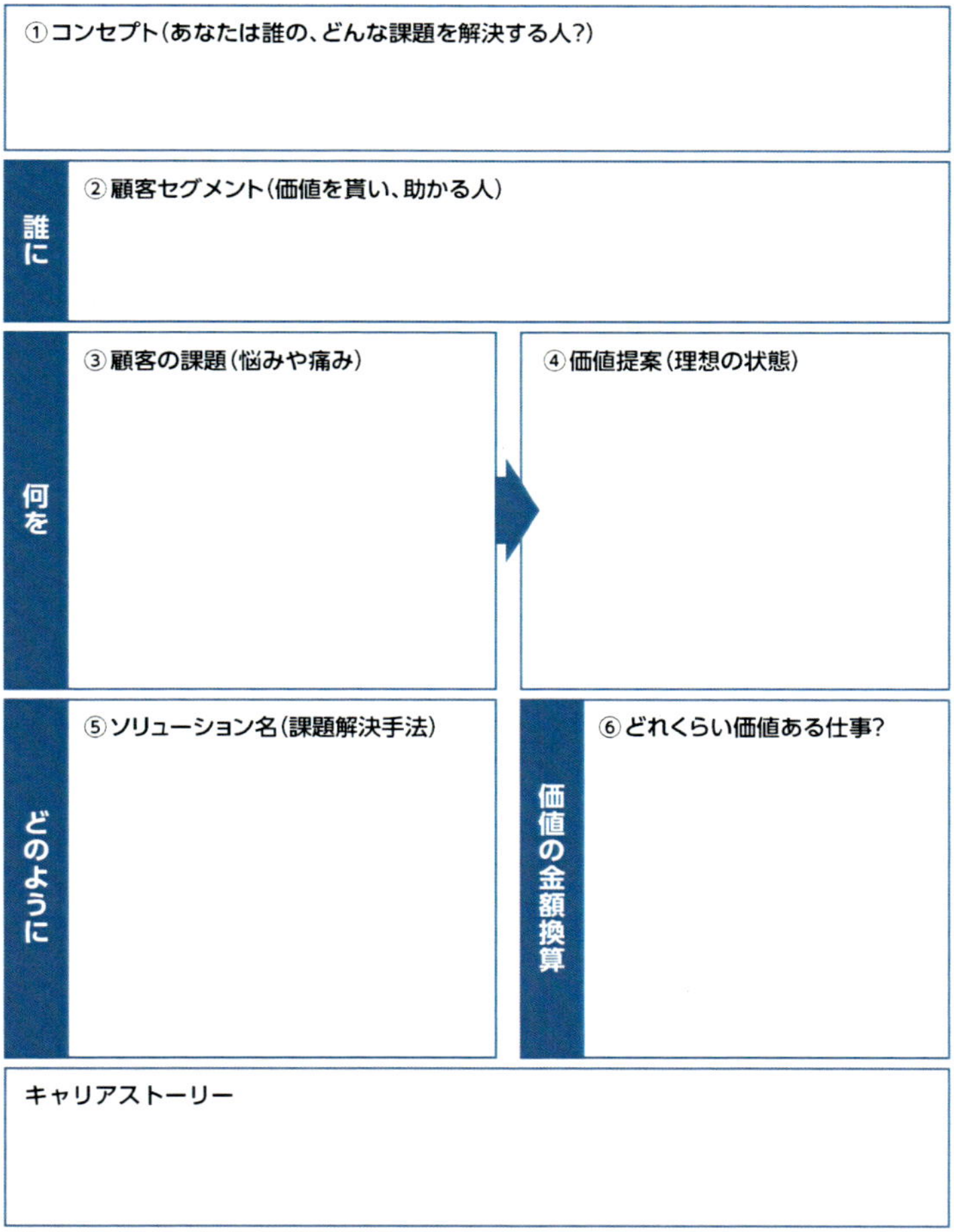
①コンセプト（あなたは誰の、どんな課題を解決する人？）
誰に
②顧客セグメント（価値を貰い、助かる人）
何を
③顧客の課題（悩みや痛み）
④価値提案（理想の状態）
どのように
⑤ソリューション名（課題解決手法）
価値の金額換算
⑥どれくらい価値ある仕事？
キャリアストーリー

図4：コンセプトシート

▼あなたはどんなキャリコンなのか？

コンセプトシートは、あなたがどんなキャリコンなのかを、自分自身や他人にわかりやすく伝えるための1枚の資料です。これは、あなたの強みや特徴を明確にし、「誰の、どんな課題を解決することを仕事にしているのか」を一目で理解できるように表現するものです。言い換えれば、「キャリコンである、あなたの仕事の価値」を1枚にまとめたものです。自己紹介や情報発信にも活用できます。

私たちが行う仕事とは、単にお金を得るための手段ではありません。知識や経験、技術を活かして他者に価値を提供し、その結果として報酬を得るものです。だからこそ、仕事を定める際には自分が「誰に対して、どんな価値を提供しているのか」をハッキリさせておく必要があります。

では、「キャリアコンサルタントの仕事」の価値とは何でしょうか？ その答えは、すでにあなたの中にあります。そう、自分で決めるものです。それを形にするために、コンセプトシートの6つの項目に沿って、あなたの仕事の価値を具体的に整理してみましょう。

①コンセプト

あなたは誰の、どんな課題を解決する人ですか？　これを一言で表現してください。「課題解決を支援」ではなく、「課題を解決」で考えてください。コミット力が上がり、あなたが選ばれる理由にもつながります。

②顧客セグメント

あなたの課題解決によって助かる人は誰でしょうか？　商品やサービスを提供する際に設定する顧客像、「ペルソナ」とも呼ばれますが、抽象的な「会社」や「組織」、「社会」ではなく、そこで働く一人ひとりの具体的な人物像を思い描くことが大切です。「会社」や「組織」ではなく、その中で働く一人ひとりを描きましょう。

③顧客の課題

あなたが助けたい人は、どんな悩みや問題を抱えていますか？　キャリアコンサルティングにおける「来談目的」にあたる部分です。ここを正確に捉えることが、的確な課題解決につながります。

④価値提案

顧客の課題を解決したその先にある、理想の状態とは何でしょうか？ ただ悩みを解消するだけでなく、「なりたい自分」や「目指す姿」に導くことが、真の価値提供です。例えば、ゲームのドラクエでは魔王を倒すのは目標であり、目的は世界平和ですよね？ この目的まで、助けたい人を導いてください。

⑤ソリューション名

どのような具体的な手法で、顧客を理想の状態に導きますか？ キャリアコンサルティングに限らず、自己分析ツールやジョブ・カードに拘らず、柔軟なアプローチであらゆる手段を取り入れてください。

⑥価値の金額換算

あなたの提供する仕事は、どれくらいの価値がありますか？ 金額で表現してみてください。時給や月給、年俸でもいいですし、セッションの単価などで自由に設定して、自分の仕事の価値と報酬感を明確にしましょう。

順番にコンセプトシートの埋め方を解説しましたが、一朝一夕では完成させられません。多くの人は、最初はコンセプトシートの失敗例（図5）程度しか埋められないはずです。これは、1つひとつ過去の経験や出来事といった自分のキャリアを振り返りつつ、自己理解や仕事理解を深めていく作業だからです。

ただし、時間をかけ過ぎると行動が遅れてしまいます。できれば1ヶ月以内に固めてください。

①コンセプト(あなたは誰の、どんな課題を解決する人?)

キャリアに悩んでいる人の、もやもやを解決する人です。

誰に

②顧客セグメント(価値を貰い、助かる人)

キャリアに悩んでいる人。

何を

③顧客の課題(悩みや痛み)

キャリアにもやもやしている。
この先のキャリアに不安がある。
今までのキャリアに自信が持てない。

④価値提案(理想の状態)

もやもやがなくなる。
自分のキャリアに自信が持てる。
キャリア自律が達成できる。

どのように

⑤ソリューション名(課題解決手法)

60分間のキャリアコンサルティング。
具体的には、
・しっかり傾聴します。
・あなたに寄り添います。
・最後まで伴走支援します。

価値の金額換算

⑥どれくらい価値ある仕事?

3,000円くらい。

キャリアストーリー

なぜなら、自分も資格を勉強する前は、キャリアに悩んでいたからです。過去の自分と同じようにキャリアに悩んでいる人を救いたい想いから、キャリアコンサルティングを提供しています。

図5：コンセプトシートの失敗例

そこで私が提案するのは、自己理解と仕事理解を効率よく進めるための2つのフレームワークを使うことです。このフレームワークを活用すれば、「探求の螺旋」の二巡目をよりスムーズに進められます。

▼過去と現在を整理する

2つのフレームワークとは、皆さんご存知の、

・ライフラインチャート（過去視点）
・3つの輪（現在視点）

の2つです。これを使って自己理解と仕事理解を深めていきます。プラス、未来視点だった前述の7つの質問の答えを使って、過去と現在、そして未来を接続します（図6）。

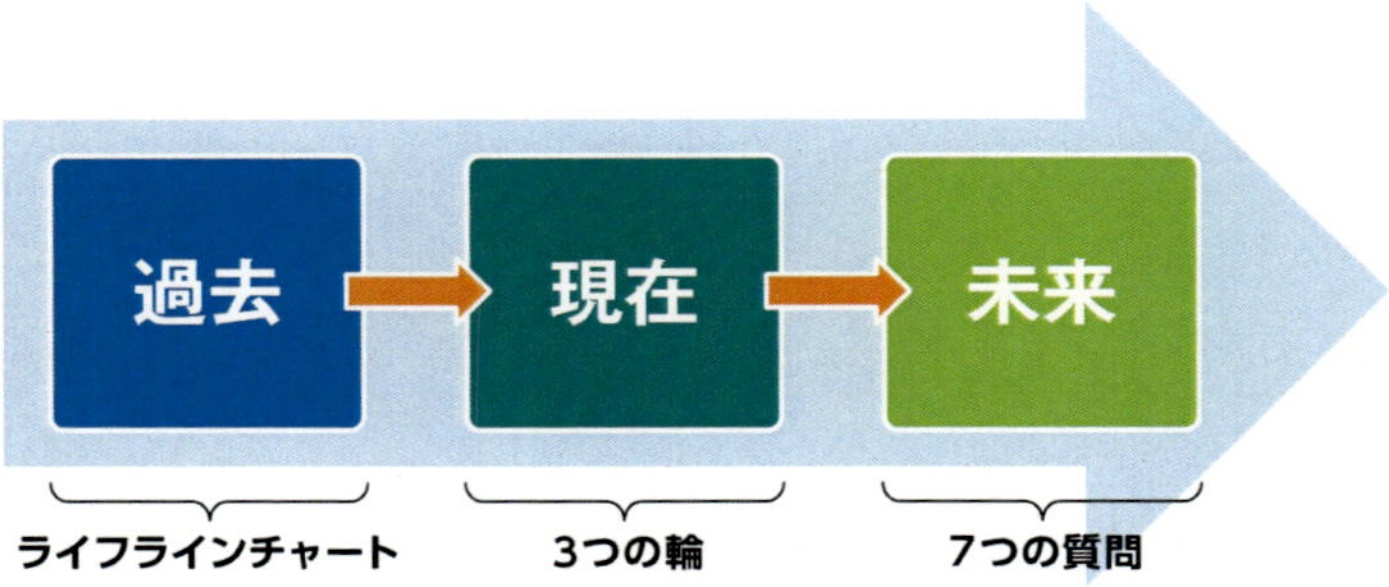

図6：過去と現在、そして未来の接続

まず、ライフラインチャートというタイムマシンに乗ることで過去に遡り、あなたがどんな経験をし、何を学んできたのかを見える化します（図7）。仕事（ワークキャリア）だけでなく、人生（ライフキャリア）そのものを俯瞰することで、どの瞬間に成長し、どこでつまずき、何を学んできたのかが鮮明に浮かび上がります。このチャートを描くことで、「実は転職が一番の成長期だった」とか、「大きな失敗が次の飛躍につながった」というように、キャリアの浮き沈みを可視化できるのです。

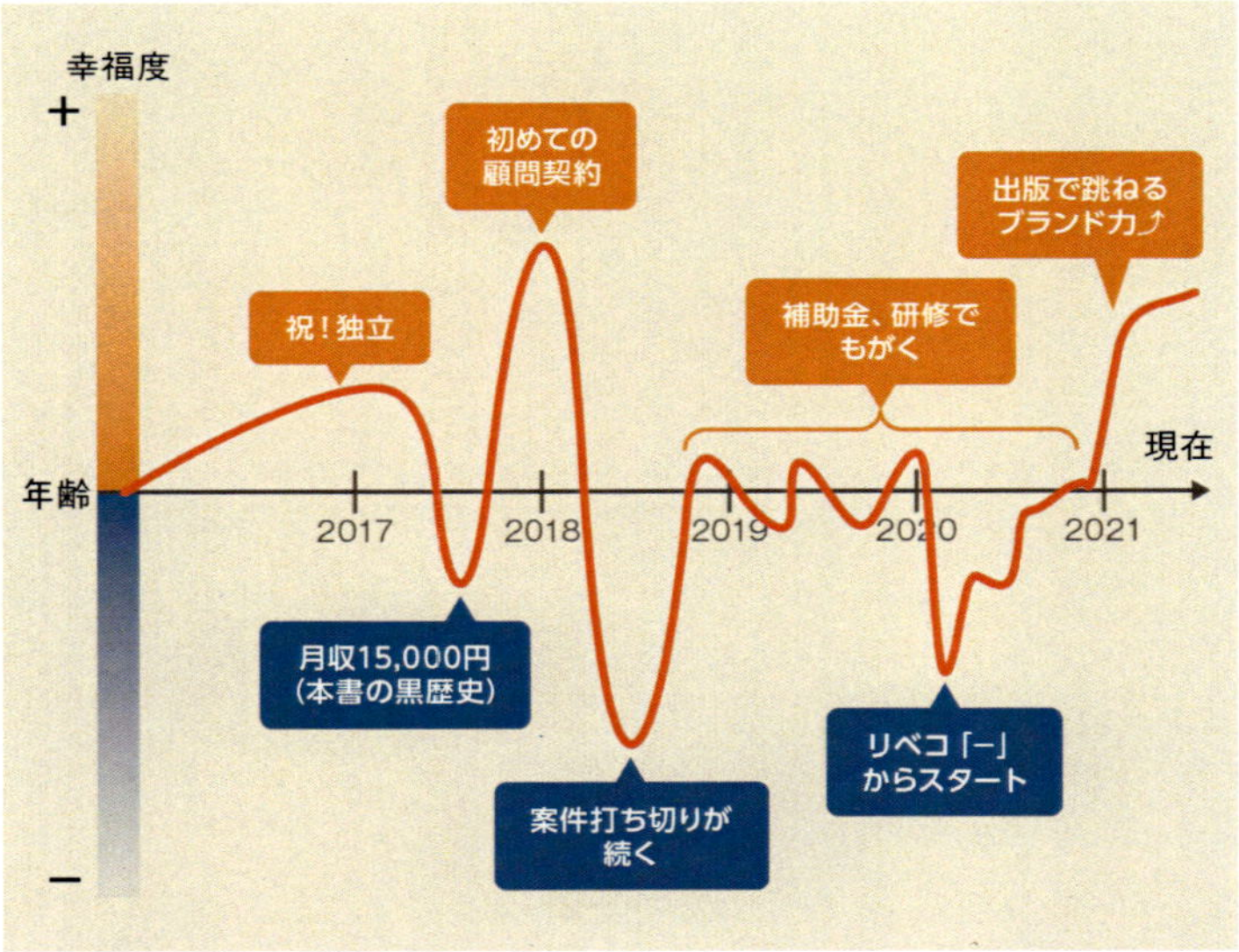

図7：ライフラインチャート（森田の例）

実際にチャートを作成してみると、過去の成功や失敗がどう自分を形作ってきたのかが見えてきます。それは、「キャリアコンサルタントの仕事」を考えるうえでも、多くのヒントを与えてくれるはずです。ライフラインチャートは過去のキャリアの振り返りで使います。

ただし、生まれてからの全人生をチャート化すると非常に時間がかかります。ライフラインチャートはあくまでコンセプトシートを埋めるためのアイデアを引き出す手段なので、「【Q1】あなたがキャリコンを目指した理由は？」に紐づく時期だけ抜き出せば十分です。

多くの人にとっては、仕事（ワークキャリア）の部分だけでも問題ありませんが、もしも就活支援や学生支援、あるいは子供たちの支援を目指すのであれば、そうした経験を俯瞰するために、関係する時期を重点的に書き出してください。

次に、3つの輪というコンパスで現在のあなたが「やりたいこと（Will）」、「できること（Ｃａｎ）」、「求められていること（Ｍｕｓｔ）」を視覚的に整理します。３つの輪の重なる部分が、あなたの進むべき方向を示してくれます（図８）。

この輪を描くことで、あなたが本当にやりたくて、できて、求められている「キャリアコンサルタントの仕事」を見出すことができるのです。

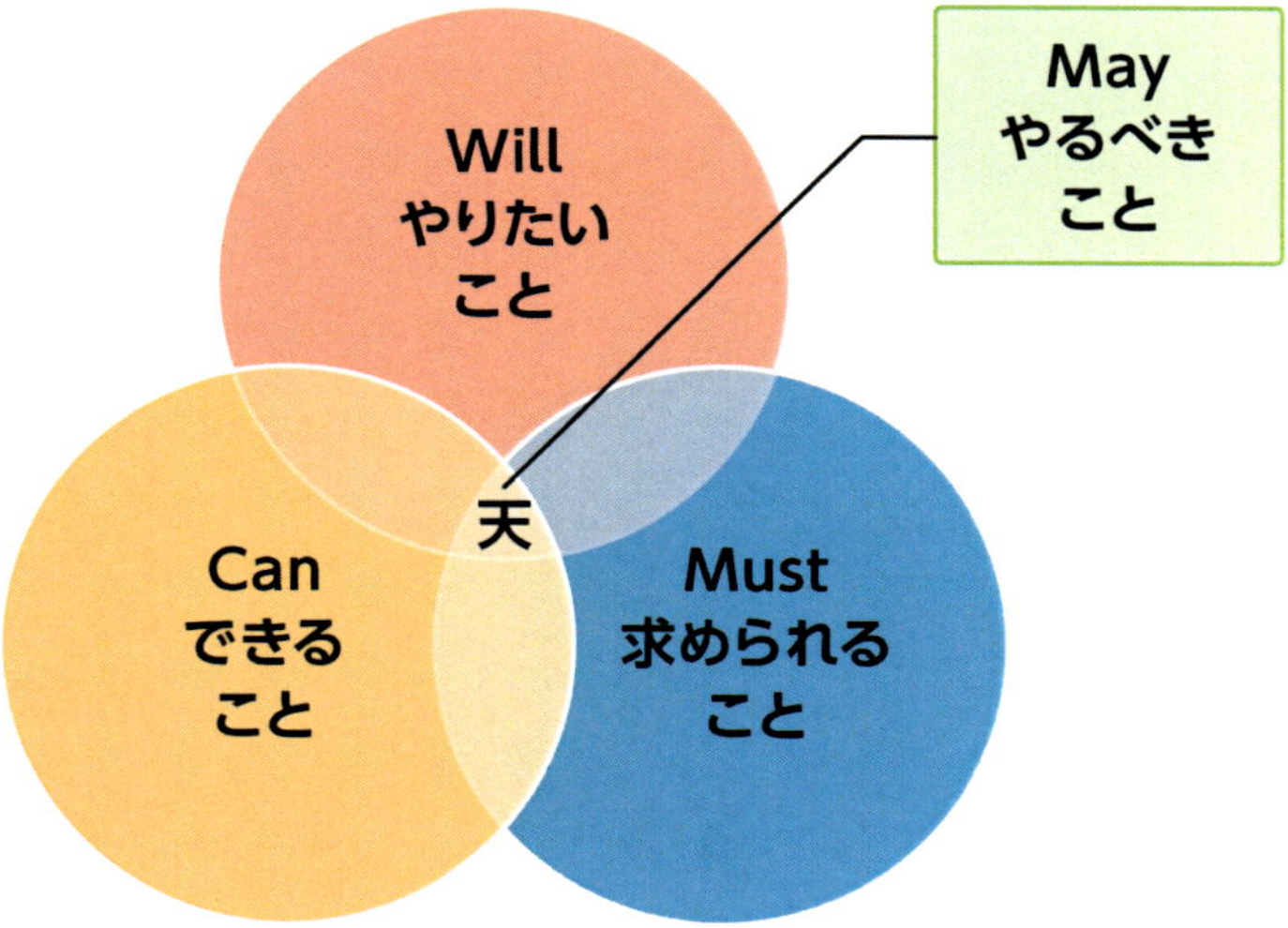

図8：3つの輪

この3つの輪は、まず「やりたいこと（Ｗｉｌｌ）」から始めます。なぜなら、これはすでにあなたの心の中にある未来志向の答えだからです。前述の7つの質問の答えこそが、あなたの「やりたいこと」に直結します。これを細分化すると、「どう成長したいのか（成長）」、「どんな人とつながりたいのか（つながり）」、「この3年で何を成し遂げたいのか（This is my life）」、といった要素が挙げられます。モデリングの対象を参考にして具体的に書き出してみましょう。

次に「できること（Ｃａｎ）」です。これはライフラインチャートと接続する部分です。あなたの過去の成功や失敗から得た経験が、できることの基盤になります。これを細分化すると、「経験を通じて得た技術・技能（ノウハウ）」、「それを実行できる名前が付いた○○力（スキル）」、「特徴や個性、性格（強み・弱み）などのパーソナルなスキル」、といった要素が挙げられます。あなたが持つ価値ある知識や経験、人となりを言語化してみましょう。

最後に「求められていること（Ｍｕｓｔ）」です。これは仕事理解を意味しています。どれだけ「やりたいこと」や「できること」があっても、それが市場や顧客から求められていなければ、価値がありませんし、お金に変換できません。これを細分化すると、「組織や会社のニーズ（会社）」、「『ペルソナ』からのＨＥＬＰ（人）」、「社会への貢献（社会）」、といった要素が挙げられます。自分の提供できる価値が市場にどう評価されるのか、ニーズはあるのか、調査することが不可欠です。

過去を振り返る「ライフラインチャート」と、現在から未来を指し示す「3つの輪」。この2つのフレームワークを使うことで、コンセプトシートに書き込むアイデアが次々に浮かんでくるはずです。はずですが、しかし、多くの人がどう文章化するかで悩みます。そこで、私がオススメする一番簡単なコンセプトシートの埋め方をお教えします。

それは、「過去の自分を救う」ことです。過去の自分が直面した困難や課題に対して、今のあなたがどのような価値を提供できるかを考えることで、あなた独自の「キャリアコンサルタントの仕事」が自然と明確になってきます。

▼過去の自分を救う

「過去の自分を救う」という考え方は、ただ過去を振り返り自分を癒すセルフ・カウンセリングではありません。今の自分がどのように成長し、その経験をどう活かして他者に価値提供できるかを明らかにするものです。特に重要なのは、ライフラインチャートの「谷」、つまり一番辛かった時期、いわゆる「黒歴史」に焦点を当てることです。多くの人が避けがちなこの経験こそ、最大の価値を生み出す源泉なのです。

その「黒歴史」とは、失敗や挫折、恥ずかしい過去、二度と思い出したくない出来事かもしれません。しかし、その時期こそ、あなたが最も多くを学び、成長した瞬間なのです。もう一度その時の感情に向き合い、幼気で痛い記憶の奥を探って、当時の自分が感じていた痛みや苦しみを、今のあなたが丁寧に聴いてみてください。

そんな過去の自分に何が必要だったのか、今の自分なら何を提供できるのか、今の自分だったらどんな姿になれたのか。それを整理して統合することで、他者に価値を提供するための「③顧客の課題」や「④価値提案」が自然と見えてきます。

あなたが成長できた背景には、必ずその「黒歴史」を乗り越えた経験があります。「谷」は必ず下がってから上がっていますので、上がったタイミングのことを思い出してください。その経験と成長曲線が今、他の誰かにとっての希望の光となり得るのです。

過去の自分と同じ困難に直面している人々を「②顧客セグメント」に設定し、過去の自分が最も苦しんだ瞬間に向き合い、その時に必要だった解決策を今の自分が提供する。それこそが、あなたの「キャリアコンサルタントの仕事」の価値になります。単なる技術や理論などの知識を超えた、実経験に基づくあなたの価値提案なのです。

そんな実体験を踏まえ、次に3つの輪を活用して、過去の経験を未来へとつなげていきます。過去に最も苦しかった時期、自分が何を求め、何が必要だったのか――それが、今のあなたの「やりたいこと（Ｗｉｌｌ）」に直結しています。過去の自分が必要としていた支援や解決策が、今のあなたにとって他者への価値提供となるからです。それを通じて、どのような人を助けたいのか、「②顧客セグメント」の未来像も見えてくるでしょう。

次に、ライフラインチャートから得た経験やスキルは、今のあなたの強みを形成しています。過去の苦しい経験を乗り越えたことで得た「できること（Ｃａｎ）」は何でしょうか？ これまでの成功だけでなく、失敗や弱みもリフレーミングすれば、あなたの強みの基盤となるはずです。「黒歴史」を経て得たものを、他者の課題解決に活かすことで、具体的な解決策として「③顧客の課題」や「④価値提案」が生まれるのです。

そして最後に、あなたが提供できる価値が、どれだけ世の中や顧客に「求められていること（Ｍｕｓｔ）」なのかを確認しましょう。過去の自分と同じ悩みを抱える人が、今まさにあなたを必要としています。顧客の課題を客観的に診て、そのニーズに応えることで、あなたの価値提案は「⑤ソリューション名」となります。

このように、過去の辛い経験を再評価し、今の自分に統合することで、あなたにとっての「キャリアコンサルタントの仕事」の「何となくの方向性」が明確になります。

辛い時期を乗り越えた今のあなたは、同じ悩みを持つ他者を助けられる力を持っています。それは、あなた自身のキャリアを救う力でもあります。これまでのキャリアの中で得た教訓を人生の伏線回収とし、「過去の自分を救う」ことの真髄とするのです。

今のあなたなら、過去の自分に共感して、当時必要だった助けを提供できるはずです。その助けの価値を「⑥価値の金額換算」として考えたとき、「過去の自分は、もしも、救ってくれる現在の自分に当時出会えていたら、いくら支払ったのか」を考えてみてください。それが、あなたの提供する価値の指標となります。

ここまで「過去の自分を救う」について説明してきましたが、これは必須ではありません。過去の自分に拘らずにコンセプトシートを書けるのであれば、それで全く問題ありません。ただ、「キャリアコンサルタントの仕事」というのは、単なる肩書きや資格ではなく、あなた自身の成長や経験と深く結びついています。

過去の自分とのつながりを無視せず、そこから学び、現在の自分をさらに高めていく。そして、その延長線上に、未来へと続く新しい道を切り拓くものです。過去、現在、未来が一体となったとき、初めてあなたらしい「自分らしさ」が形作られ、それがあなたの強みとなります。

これこそが「過去の自分を救う」プロセスの本質であり、この過程を経て生まれる唯一無二の価値が、「①コンセプト」そのものになるのです。

※1点だけ注意があります。

「私はこんな辛い過去があるから、同じような人を助けたいと思ってキャリコンになりました」という想いや動機は、「①コンセプト」としては非常に大切で、まったく問題ありません。しかし、「⑤ソリューション名」として「自分の体験を共有して人を助ける」ことと、「相手の経験を一緒に味わって人を助ける」ことは、大きく異なります。前者はアドバイザー、後者はカウンセラーです。

どちらの役割でもいいのですが、「共感」と「同感」の区別は必要です。共感は、相手の立場を理解し、その人の感情や視点にそのとおりだと感じること。一方、同感は、自分自身の体験と重ね合わせてしまい、相手の状況を自分の目線で見てしまうことです。

自分と相手の区別をしっかりつけ、「相手の課題を解決する」という視点でソリューションを提供することが、私たちの役割です。常に「今ここで求められているものは何か」を見極める姿勢を大切にしてくださいね。

▼他者の視点を取り入れる

コンセプトシートが完成したら、まず確認すべきは「独りよがりになっていないか」という点です。必ず誰かに見せてください。他者の視点を取り入れることで、コンセプトをブラッシュアップし、より具体的で実践的な価値提案へと進化させることができます。これが「探求の螺旋」の二巡目における啓発的経験です。最低3人には見せてみてください。

まずは、養成講座の同期やコミュニティ仲間などの信頼できるキャリコンに見せてみましょう。あなたと似た視点を持っているため、具体的で有用なフィードバックが得られるはずです。可能であれば、あなたが課題解決したいと考えている顧客セグメントに直接見せてみましょう。実際に彼らの目線で見てもらうことで、あなたの提案がどれだけ響いているかをリアルに感じ取ることができます。顧客からのフィードバックが、あなたの価値をより現実的で効果的なものに変えてくれます。

さらに、モデリングの対象にもぜひ見せてみましょう。あなたのキャリアや支援活動に対する新しい視点を提供してくれるはずです。

……そうそう、皆さんのコンセプトシートについて、モデリングの対象の「パクり」には決してなりませんのでご安心ください。あなたのコンセプトシートにはライフラインチャートが組み込まれています。そこには、あなたの過去の経験や学びが深く刻まれており、あなただけの独自の価値提案がすでに形成されているからです。

他者の視点を取り入れることで、自分では気づけなかった部分や盲点が見えてきます。それこそが啓発的経験の効果です。フィードバックを得るためには、まず自分のコンセプトをアウトプットしなければなりません。アウトプットする過程で、自分の考えや価値提案が整理され、さらに深い理解へとつながります。アウトプットを通じたフィードバックが、あなたの自己理解と仕事理解を一層深めてくれるのです。

この際、シンプルかつ明確なキャリアストーリーを作ってみてください。「私は○○の、××な課題を解決する人です」と、一言で自分のコンセプトを表現し、そのうえで「なぜなら〜」と続けて、自分の「黒歴史」からの復活劇をストーリーとして説明できるようにするのです。これは、他者にあなたの価値をわかりやすく伝えられるだけでなく、自分自身の方向性を強固にする効果もあります。

整理されたキャリアストーリーを他者に伝え、フィードバックを受けることで、あなたのコンセプトシートはさらに磨かれていきます。

例として、本書のコンセプトシートとキャリアストーリーを紹介しますね（図9）。出版企画も、最初はコンセプトシートから始まります。

①コンセプト（あなたは誰の、どんな課題を解決する人?）

「キャリアコンサルタントの仕事がしたい」と考えているキャリコンへ、自分の強みを価値に変えながら仕事を作り出せるようにする人です。

誰に

②顧客セグメント（価値を貰い、助かる人）

・「キャリアコンサルタントの仕事がしたい」と考えている人。
・資格の活かし方を知りたい人。
・資格を取ったばかりの人。

何を

③顧客の課題（悩みや痛み）

・キャリアコンサルタントとして働きたいけど、その方法がわからない。
・キャリアコンサルタントの仕事をしたいけど、何から始めればいいかわからない。
・キャリアコンサルタントの資格を活かしたいけど、使い道がわからない。
・実務経験を積みたいけど、どうすればいいのかわからない。
・だから、資格を取った後に動けない。

④価値提案（理想の状態）

・自分の強みを価値に変えながら仕事を作り出せるようになる。
・今の職場でも資格を活かせるようになる。
・転職して新しい環境で資格を活かせるようになる。
・資格を活かした副業で稼げるようになる。
・だから、「キャリアコンサルタントの仕事」で自分の価値を広められる。

どのように

⑤ソリューション名（課題解決手法）

・「探求と行動の螺旋図」による仕事の創出
・「コンセプトシート」による価値の明確化
・「集客のじょうご」による副業の広め方
・「セルフ・キャリアドックの再構築」による導入
・上記を本やセミナーで解説

価値の金額換算

⑥どれくらい価値ある仕事?

・2,600円（印刷版の税抜価格）

キャリアストーリー

なぜなら、独立後3ヶ月で月収15,000円まで落ちた稼げなかった自分が、自分の強みを発見して価値に変えた結果、年商1,000万円超を達成できたからです。過去の自分と同じように「この資格をどう活かしたらいいのか」と悩んでいるキャリコンを救いたい想いから、この本を書きました。

図9：本書のコンセプトシートとキャリアストーリー

啓発的経験としてアウトプットしてみたものの、自分自身しっくりこない。他者に伝えたいことがうまく伝わらず、「こうしたらどう?」と助言ばかりもらってしまう——もしそう感じたなら、「探求の螺旋」を三巡目、四巡目と繰り返し回してみてください。

コンセプトシートは、一度作ったら終わりではありません。何度もインプットとアウトプット、そしてフィードバックを繰り返すことで、「探求の螺旋」を超高速で回転させていくものです。

肝心なのは、初めから完璧を目指すのではなく、まずは小さな単位で試しつつ、修正を繰り返しながら徐々にその完成度を高めていくアジャイルな姿勢です。最初に作ったコンセプトシートに固執するのではなく、常に柔軟に他者から共感を得られるかを確かめ、修正を繰り返すことです。他者のフィードバックを受けるたびに、新しい洞察が生まれ、コンセプトシートを進化させられます。

一度定義したものを完成品と考えるのではなく、進化し続けるものだと捉えてください。あなた自身の成長や他者との対話を通じて、その価値提案がどのように受け止められているのか常に検証する。コンセプトシートをアジャイルで進化させ続けることにより、本当に他者に響く価値提案へと変わっていきます。

何巡、「探求の螺旋」を回せたのかが、あなたの「キャリアコンサルタントの仕事」の定義を強化して、その提供価値を磨き上げていくものなのです。

第2部　定義した仕事を通じて「自分の強みを価値として提供する方法」

第1部では、あなたの「キャリアコンサルタントの仕事を定義する」方法について解説しました。ここでは、コンセプトシートをどのように具体的な行動に落とし込み、職場やキャリアの中で価値を提供していくかを掘り下げていきます。

第2部では、以下の3つの異なるシチュエーションにおける価値提供の方法を取り上げます。

【その1】今の職場に貢献する方法↓第3章
【その2】転職して新しい環境に挑戦する方法↓第4章
【その3】副業を通じて価値を広める方法↓第5章

これらの場面ごとに、あなたが自分の強みを最大限に発揮し、周囲から「信頼される存在」として「キャリアコンサルタントの仕事」の価値を提供できるかを、一緒に探っていきましょう。

第3章　今の職場に貢献する方法

コンセプトシートに書き出したあなたの強みを、まず今の職場でどのように価値へと変えていくかを考えてください。それこそが、あなたが提供できる「キャリアコンサルタントの仕事」の具体的な形です。

部下との１ｏｎ１の場面で、キャリアや成長に関する悩みを引き出し、目標設定や課題解決に向けたアクションプランを共に考えること。取引先との会話で、相手が抱える課題やニーズを深掘りし、あなたの知識や経験を活かした解決策を提案すること。これにより、より深い信頼関係が築け、ビジネスの成果にも直結するはずです。

私たちが資格取得の過程で身につけた技術と理論は、人材育成や営業、ＨＲの領域だけでなく、日常の会議や職場でのコミュニケーションといったあらゆる場面で力を発揮します。どこにでもいる「仕事を一人で抱えて悩んでいる人」や「異動でやる気を失っている人」、「やりがいを求めている人」、「上司と合わずに苦しくなっている人」

に対して、ただ話を聴いて終わるのではなく、共に解決の糸口を探し、導ける力。むしろ、日常の職場で使えない場面を探すのが難しいほどです。

「どうしてそんなに話を聴いてくれるんですか?」と聞かれたら「キャリアコンサルタントですから」と、資格名をぜひ名乗ってください。まず興味を持たれますから。今の職場での価値貢献はこれで十分達成できます。

▼組織内の異なる視点を理解する

もし、あなたが自分の職位や日常業務以上に、今の職場を再構築したい、職場環境を改善したい、組織の仕組みを革新したいと「キャリアコンサルタントの仕事」を考えているなら、コンセプトシートをベースに上司や経営層にアプローチしてみてください。重要なのは、それが組織全体の課題にどう貢献するか、成長や生産性向上にどうつながるかを具体的に伝えることです。こちらの意図がそのまま受け入れられないことが多く、上司や経営層に響かないことも往々にしてあるからです。

その原因は、大きく分けて以下の3つに集約されます。これは、「キャリア支援の導入」や「セルフ・キャリアドックの提案」をソリューションとする場合にも共通します。

①覚悟が見えない
②悩みの認識が異なる
③効果を明確に説明できない

単なる「言うだけ番長」になっていないかが、最初に問われます。職場環境の改善や組織の仕組みの変革は、組織開発の一部です。組織の活性化を進めるには、あなた自身が率先して旗を振り、行動する覚悟を見せる必要があります。課題のない会社はなく、批評することは誰にでもできます。批評すると自分が偉くなった錯覚にも陥りがちです。コンセプトシートがいくら優れていても、そこに至るキャリアストーリーに説得力があっても、単に上司に提案するだけ、人事部に相談するだけ、経営層にメールするだけでは、組織は動きませんし、何も成し遂げられません。

共感者を集め、組織内の横のつながりを広げ、上司や経営層とも継続的に対話を進めるには、多くの時間と労力がかかります。それを、あなた自身が中心となって行う覚悟がなければなりません。「自分はただの一従業員で、そんな権限も責任もない」と思っていては誰も動きません。私のような外部のキャリコンを活用するのも1つの手段ですが、まずはあなた自身が積極的に動き出してください。

また、従業員の悩みは、必ずしも上司や経営層の悩みと一致しているわけではありません。例えば、「職場の人間関係の改善」を提案した場合、それが経営層や上司の視点で重要視される課題かどうかを、しっかり確認する必要があります。

職場の人間関係でよくある悩みである「気が合う同僚がいない」、「悪口や愚痴が多い」、「意見が合わない」などは、従業員レベルでは確かに改善したい問題ですが、上司や経営層がそれを組織全体の課題として捉えているかは別問題です。

職場の人間関係は、ドライに言えば仕事に支障がない限り、上司や経営層は大きな問題と捉えないことが多いです。友達関係ではないのだから、単なる「理想の職場づくり」を超えて、業績や効率向上にどうつながるかを考えることが大切です。

仕事をするうえでの人間関係は円滑にする必要はありますが、上司や経営層がどのような悩みを持っているかを、まずは聴いてみましょう。

最後に、数値で効果を示すことができるかが大きなポイントです。組織開発の目的は、組織のパフォーマンスや生産効率の向上にあります。ただ「人間関係が良くなった」、「やる気がアップした」、「満足度が向上した」だけでは、効果として不十分です。ビフォーアフターがサーベイツールなどで具体的な数値として測定されない限り、経営層を説得するのは難しいです。

だからこそ、コンセプトシートの最後は「価値の金額換算」なのです。組織にとってどれだけの価値があるのかを金額で説明できるかどうかが、経営層のGOサインを得るカギです。経営層の悩みの8割近くが「売上アップ、または利益の向上」なので、具体的な効果やその範囲を示せない限り、あなたが主導的な立場として動くためのリソースを確保できません。

組織にとって必要なアプローチであることを、具体的なデータや数値で示せれば、受け入れられる可能性は各段に高まります。多くの企業が「キャリア支援の導入」や

「セルフ・キャリアドックの提案」を受け入れないのは、これらのポイントが明確に伝わっていないことが主な原因なのです。行動を起こす覚悟と組織が抱える問題や課題が正確であること、そして具体的な効果を示すためのデータがなければ、組織の変革は難しいでしょう。

▼組織内でキャリア支援は受け入れられるのか?

「キャリア支援室」を設置するなどの、組織内にキャリア支援を導入することを目指す人も多くいらっしゃると思いますが、まず考えるべきは、何を目的とするのか?という点です。キャリア支援は、単なる「福利厚生」の一環ではありませんし、「会社の保健室」でもなければ「トラブル相談室」でもありません。組織全体の成長や競争力強化にどう貢献するのか、その範囲と効果を明確に示す必要があります。

キャリア支援の重要性は、今後の社会やビジネス環境が不確実な時代において、ますます高まっています。従業員一人ひとりが自分のキャリアに対して責任を持ち、キャリア自律を促進して、組織と共に成長していく環境を整えることは、企業の未来を切り開くのに必要不可欠な要素です。

しかし、制度を導入しただけでは従業員はキャリア相談に来ません。たとえ経営層が支持し、「キャリア支援室」を設置できたとしても、現場での利用が進みません。

ここで押さえておきたいのが、大多数の日本人、特に正社員が持つキャリア観です。あらゆるデータで裏付けされていますが、社会人のほとんどは学びたがらないし（平均1日13分。総務省「令和3年社会生活基本調査」より）、現在の勤務先で働き続けたいと思わないけど、転職も独立もリスクが高く、できれば避けたいと考えています。そのため、従業員エンゲージメント（会社に貢献したいと思う意欲。愛社精神）は世界最低水準となっています（経済産業省「未来人材ビジョン」より）。

そんな、大多数の「自ら学ばない人材」に対して、いくら、
「やりたいことを見つけよう！」
「好きなことで働こう！」

「キャリア自律して、組織に貢献しよう！」
と訴えかけても、響かないのです。

その理由は、多くの正社員が「そこそこ幸せ」であるという現実です。ほとんどの場合、キャリアの主導権は会社にあり、「キャリアを会社に預けず、自分に取り戻せ！」という声が響いているのは、正社員雇用人数約３５００万人中、わずか約10万人の私たちとその周辺に過ぎません。残念ながら、キャリア自律はまだ十分に広まっていないのです。

正社員は異動やジョブローテーションも受け入れますし、その結果、まぁまぁ新しく刺激的で楽しいサラリーマン生活を過ごせています。仕事はそこそこ楽しく、ストレスも居酒屋で愚痴をこぼす程度で解消できるような不満しか抱えていません。安定が一番であり、お金に困るリスク回避と心地よさ優先の文化が根付いています。結果として、学ぶ意欲や危機感も醸成されず、「働いたら負け」として主体的に専門性を蓄積する習慣がつかないのです。

このような状況では、ＤＸ（デジタルトランスフォーメーション）の進展や生成Ａ

I、自動化ツールの普及によって、知識や経験が急速に陳腐化していくに違いありません。中高年になってから成果と期待のギャップが生まれ、組織における役割とのアンマッチを起こしていくのは避けられません。その解決策としてリスキリングを伴うキャリア支援は必要ではあるのですが、このままでは機能しません。

キャリア支援を効果的に機能させるためには、企業全体の戦略と結びつけ、リソースを適切に配分し、組織全体でその重要性を理解して取り組む姿勢が不可欠です。キャリア支援がもたらす利益を具体的に定義し、評価し、数値化して初めてその効果が最大化されます。

もし、メンタルヘルスを重要視すれば「会社の保健室」でも、コンプライアンス重視なら「トラブル相談室」のようなものでも構いません。しかし、キャリア支援の本質は、組織の人材育成ビジョン・方針に基づきながら成長戦略と連動させることにあります（図10）。これができなければ、いくら制度を整えても効果は「もやもやしたものが、晴れました」くらい限定的です。

図10：組織の人材育成ビジョン・方針の流れ

これは、「セルフ・キャリアドックの提案」にも当てはまります。「私たちの企業領域はセルフ・キャリアドック導入支援だ」は単なる思い込みですが、なかなか導入が進んでいないのが現状です。

では、なぜ導入が進まないのでしょうか？ そして、どうすれば導入が進むのでしょうか？

▼セルフ・キャリアドックの否定

否定、という表現は少し強いですが、制度自体を否定しているわけではありません。セルフ・キャリアドックとは、「企業がその人材育成ビジョン・方針に基づき、キャリアコンサルティング面談と多様なキャリア研修などを組み合わせて、体系的・定期的に従業員の支援を実施し、従業員の主体的なキャリア形成を促進・支援する総合的な取組み、また、そのための企業内の『仕組み』」のことですよね。皆さんも基本的な理解はあると思います。

私個人は、すごくいい制度だと感じています。厚生労働省もセルフ・キャリアドック導入支援事業を何年も実施してきました。しかし、ジョブ・カードと同様にまったく普及が進んでいません。知名度がない（私たち以外ほとんど知らない）、名称がわかりにくい（セルフで、キャリアを、ドック？？？）、そして、効果の説明が難しい。これらが、制度が普及しない大きな理由です。

ここでは、セルフ・キャリアドックの課題を3つに絞り込み、考えていきます。

（1）セルフ・キャリアドックは「会社のため」の制度である

多くの人が誤解しがちなのが、セルフ・キャリアドックは「従業員のため」の制度ではなく、あくまで「会社のため」の制度だという点です。

キャリア開発の目的は、会社の持続的な成長を支えることにあります。従業員のキャリア形成を支援することで、モチベーションやキャリアの充実感を高めるのは、結果論です。目的は、会社の人材育成ビジョンに基づき、従業員に新しいスキルを学ばせ（リスキリング）、会社に利益をもたらすことです。会社がセルフ・キャリアドックで得られる利益を私たちが具体的に定義し、評価し、数値化できなければ、会社は導入に踏み切りません。

（2）効果が表れるまで時間がかかる

セルフ・キャリアドックの効果は2つに集約されます。

①従業員にとっては自らのキャリア意識や仕事に対するモチベーションの向上とキャリア充実

②企業にとっては人材の定着や活性化を通じた組織の活性化

これらの効果が実感できるまでには、少なくとも半年、理想的には1年以上の時間が必要です。短期的に目に見える成果を求める企業にとって、これは大きなハードルです。

加えて、導入には相当な予算とリソースが必要となるため、多くの企業はキャリアデザイン研修だけで満足してしまう傾向にあります。セルフ・キャリアドックは、いわば漢方薬のようなもので、予防的なアプローチです。即効性のある手術ではないのです。従業員が自らのキャリアを主体的に選択できる力を得られ、自ら企業へ貢献していく。ここまでの効果を出すには、果たしてどれくらいの時間が必要でしょうか。

（3）導入できる企業が限られている

セルフ・キャリアドックの最大の障壁は、「人材育成のビジョン・方針」がしっかりと策定されていない企業では逆効果になるという点です。「従業員にキャリアを考えさせると、転職や離職を促進するのでは？」という経営層の懸念が現実なものとなります。キャリアデザイン研修を受けた従業員が、「この会社では理想の自分は実現できない」と気づいてしまうからです。

導入を検討する企業は、自社の人材育成方針が策定されているか、体系的・定期的に従業員の支援を実施するためのキャリアパスや評価制度が整備されているかを確認する必要があります。そうでないと「この会社では理想の自分に成長できない」と転職されてしまいます。これらの前提条件が揃っていない企業では、セルフ・キャリアドックの導入はかえって逆効果になる可能性が高いのです。

まとめると、セルフ・キャリアドックの導入には、以下の3点がクリアされていることが不可欠です。

・会社の理念や目指すべき姿が存在しているか？
・会社の人材育成の方針が明確に策定されているか？
・会社の人材育成の方法が体系的に設計されているか？

この3点をクリアしていない企業には、セルフ・キャリアドックの導入は適切ではありません。むしろ、導入しないほうが賢明です。逆に、これらの前提条件をクリアしている企業においては、セルフ・キャリアドックの導入により、従業員の自己成長とモチベーション向上が期待でき、その結果として、人材の定着率向上や生産性の向上といった効果が将来的に表れます。1年以上かかりますが。

▼セルフ・キャリアドックを再構築する

前述の「クリアすべき3点」を、図10に反映するとより明確に理解できるでしょう（図11）。

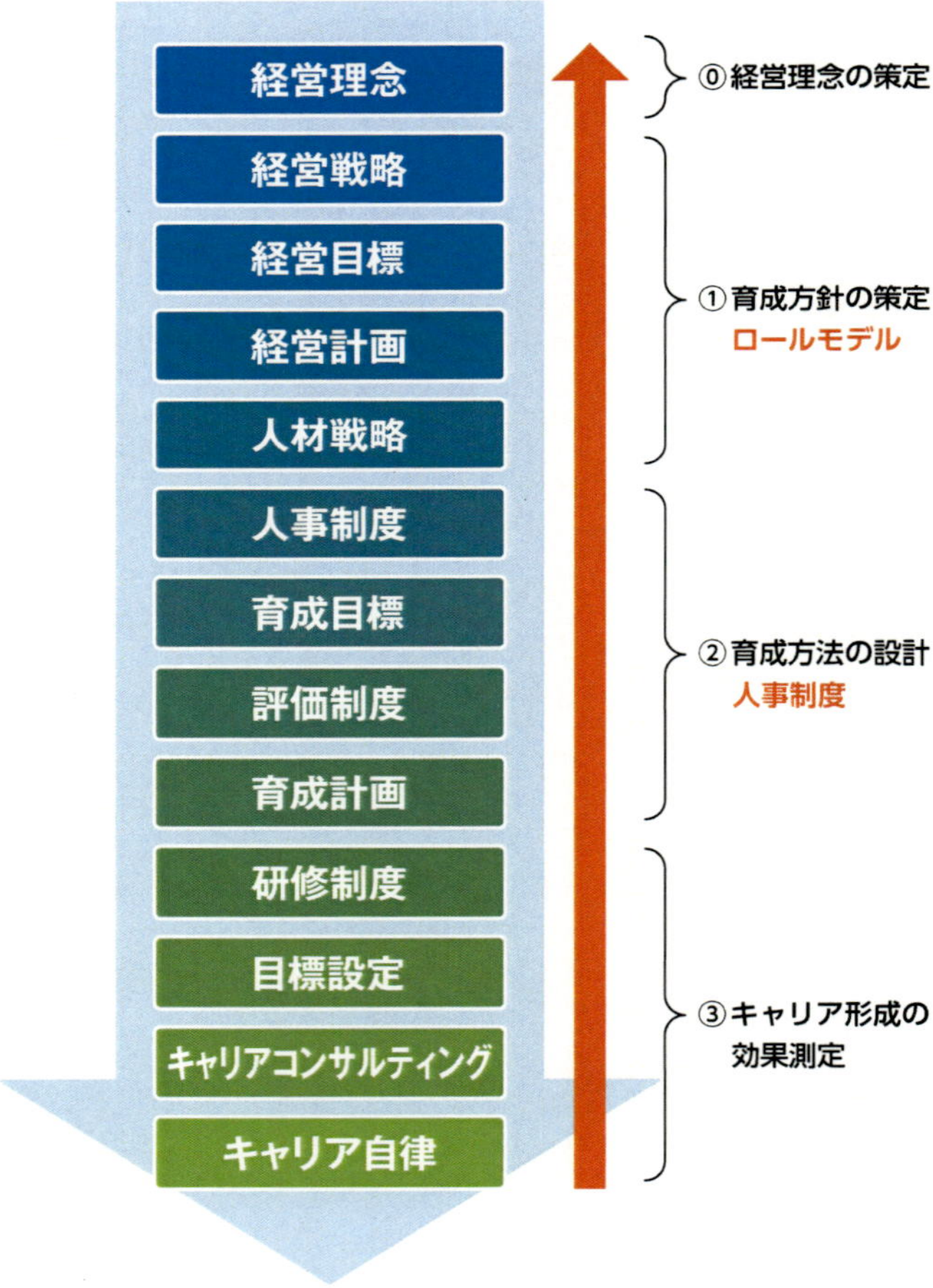

図11：クリアすべき3点を入れた、組織の人材育成ビジョン・方針の流れ

企業の存在意義である「⓪経営理念」が明確に定義され、その理念を遂行するための「①育成方針の策定」と「②育成方法の設計」という土台が整備されていなければ、狭義のセルフ・キャリアドックにあたる「③キャリア形成の効果測定」を実施することは難しいのです。

「⓪経営理念」は企業の魂であり、従業員エンゲージメントが高く、魅力的な組織には、理念が末端まで浸透し、日々の業務に反映されています。この経営理念を従業員に浸透させる「理念経営」実現の手段として、セルフ・キャリアドックが存在するのです。

ここでは、セルフ・キャリアドックを成功に導くための「再構築の3本の矢」として、「①育成方針の策定」、「②育成方法の設計」、「③キャリア形成の効果測定」についてそれぞれ解説していきます。

①育成方針の策定

経営理念に基づき、会社が求める人材像（ロールモデル）を明確にします。もしロールモデルが定義されていない場合は、主体的にその明確化を進めてください。この方針が欠けている企業では、経営層は「いつまでも従業員が育たない、言われたことしかやらない、指示待ち人間ばかり、生産性が低い、モチベーションが低い、給料分しか働かない」と嘆いています。一方で、従業員は「何を求められているのか、どうなってほしいのか、何をすべきなのかがわからない」と不安を抱えています。

この、両者にある感覚のズレを解消するのが、1の矢である「①育成方針の策定」の役割です。

②育成方法の設計

人事評価制度やキャリアパスを基に、ロールモデルに向かって成長できる仕組みを整えます。もしこれが存在しなかったり運用に問題があったりする場合は、主体的に制度設計や運用方針の整備から始めてください。この設計がない企業では、経営層は「なぜ育たない？　なぜ言われたことしかやらない？　なぜ指示を待つ？　なぜ生産性が低い？　なぜモチベーションが低い？　なぜ給料分しか働かない？」と疑問を抱いています。一方で、従業員は「何をすれば評価されるのか、給料が上がるのかがわからず、何をすべきなのか困惑している」と不満を抱えています。

この、両者にある感情のズレを解消するのが、2の矢である「②育成方法の設計」の役割です。

③キャリア形成の効果測定

育成方針と育成方法で構築した基盤を評価し、改善するための手段です。これこそが狭義のセルフ・キャリアドックの役割です。経営層の「成長して欲しい」という期待と、従業員の「何をすべきなのか」という悩みの橋渡し、企業の人材育成の流れを円滑に進めていくための手法です。

ロールモデルや人事評価制度、キャリアパスを組み合わせ、キャリア研修やキャリアコンサルティングを効果的に実施することで、セルフ・キャリアドックは機能します。そして、改善すべき箇所を明確にしつつ、徐々にブラッシュアップさせていくのが広義のセルフ・キャリアドックです（図12）。

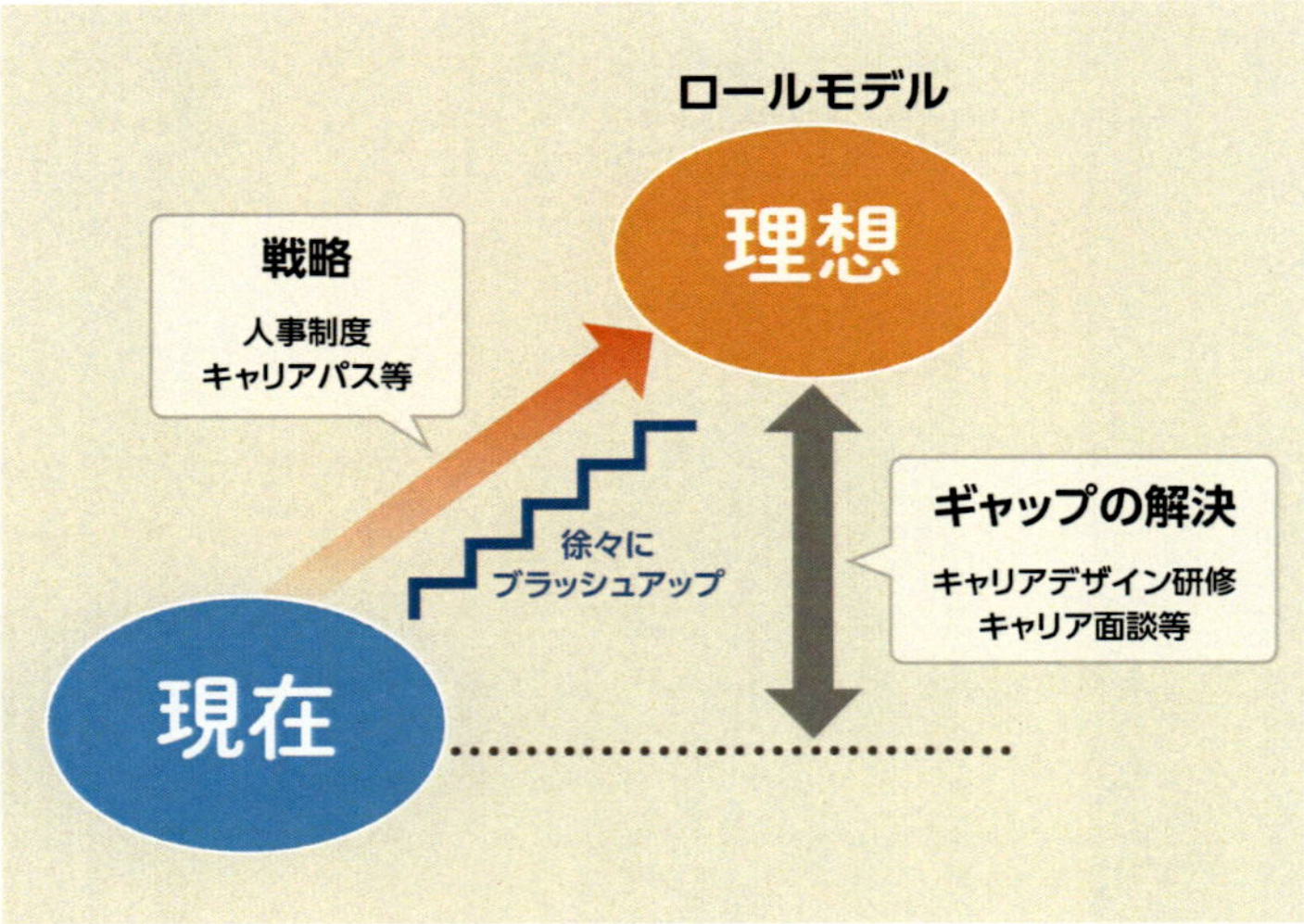

図12：広義のセルフ・キャリアドック

まとめると、

・セルフ・キャリアドックは企業の人材育成ビジョンに基づくものである。ビジョンや方針がなければ、経営層と一緒に策定する。
・ロールモデルと人事評価制度、キャリアパスの確認を行う。これらが存在しなければ、経営層や人事部と一緒に策定する。
・運用がうまくいっていない場合こそ、私たちの出番（狭義のセルフ・キャリアドック）。キャリア研修とキャリアコンサルティングを提案する。

狭義のセルフ・キャリアドックであれば、条件が揃っていれば導入は可能です。しかし、より広範な企業の人材育成方針や制度の整備が必要な場合、組織全体へのコンサルティングが必要となります。この場合、私のような外部のキャリコンの活用も検討してみてください。セルフ・キャリアドックの導入支援をやりたい！と思っている人にとっても、貴重な機会となるはずです。まずは一歩ずつ、できるところから取り組んでみてください。

第４章　転職して新しい環境に挑戦する方法

コンセプトシートに書き出した、あなたの顧客セグメント＝助けたい人が、もし今の職場に存在せず、関わる機会もないのであれば、転職によってその人たちと接触できる環境へ移るのも１つの選択肢です。

キャリコンが活躍できると言われている、代表的な職場には次のようなものがあります。

・ハローワークやジョブカフェなどの公共施設
・大学のキャリアセンターなどの教育・訓練機関
・人材紹介・派遣会社などの転職マーケット
・企業の人事部などのＨＲ領域

・就労支援や移行支援などの自立支援施設
・医療・福祉関連施設

こうした職場では、日常的に私たちが持つスキルを活かして、多種多様な相談者に対して価値を提供できる機会があります。今の職場で自分の強みやスキルを十分に発揮できず、価値提供が難しいと感じる場合、これらの職場への転職は有効な手段です。

ただし、転職を考える際にはいくつか注意すべき点があります。

▼キャリコンを取得しただけでは雇用されない理由

キャリコンを取得したからといって、その資格だけで「素晴らしい！　採用！」となることは、まずありません。残念ながら、履歴書に「国家資格キャリアコンサルタント」と書いても、それが採用の決め手になることはほとんどありません。むしろ、採用担当者が資格を知らないことも、甚だ遺憾ではありますが結構あります。

「わざわざ国家資格なんて書いているよ、何アピールしているんだか」と、民間資格だと勘違いしている採用担当者もいまだ存在します。「国家資格キャリアコンサルタント」が私たちの資格の正式名称なので、履歴書にはそう書くしかないのですけどね。

また、「キャリアコンサルタント資格必須」と書かれた求人があっても、それはあくまで「スタートラインに立つための最低条件」に過ぎず、それだけで評価されることはありません。実際には、資格だけではなく、面談人数や回数に代表される実務経験の他に、社会人基礎力などのスキルセット、キャリアコンサルティング技能士2級以上の資格を持っているか、さらにその職場が期待する成果をどうやって提供できるのかが求められます。

率直に言えば、私たちを必要とする職場は限られています。ハローワークや就労支援施設、大学のキャリアセンターといった公共施設の他にも、人材紹介会社や転職エージェントなど、確かに活躍できる場は存在しますが、その受け皿は決して大きくありません。競争率も高く、採用されるまでには多くのハードルがありますし、雇用形態も正社員での採用ではなく、契約社員や業務委託が多いのが現状です。

資格とは、私たちを少しだけ背伸びさせてくれる存在でしかありません。転職においても「自分∧資格」にはなりません。評価されるのは資格ではなく、あなた自身です。キャリコンの資格を取得したからといって、すぐに職が見つかり、転職できるとは限らないのです。

では、どう転職活動を進めるべきでしょうか？　ここで重要なのが、コンセプトシートに則って「自分が本当に助けたい人をその職場で救えるのか」をよく考えることです。資格や技術があればどこにでも転職できる、どこでも通用するというわけではありませんし、「どこでもいいから転職したい、今の職場を辞められれば」では、まったく資格を活かそうとしていません。私も逃げの転職を何回もしていますので止めはしませんが、そんなことは考えていませんよね？

あなたが助けたいと考える人たちが、その職場に実在するのか、その環境があなたの強みや価値を十分に発揮できる場であるのか、成果を出せるのかを、転職するなら慎重に見極めなければなりません。

▼キャリコンは面談業務だけで雇用されるわけではない

ここまで読み進めていれば、「キャリアコンサルタントの仕事」はキャリア面談だけに限らないことが理解できたと思います。

むしろ、面談は通常業務のごく一部に過ぎません。転職や就職の支援をするエージェントの現場に入っても、直接的な面談の機会は少なく、多くの時間を一般の事務作業や報告書作成に充てることになります。時には経理的な業務、電話・メール対応に追われることもあるでしょう。キャリア面談は決して「メインの業務」ではなく、通常業務の中の一要素でしかないのです。日常的に面談が行える職場は極めて少ないです。

特に、転職市場における「キャリアコンサルタントの仕事」は、対面やオンラインの面談だけでは成立しません。

人材紹介会社でキャリアアドバイザーとして働く場合、面談の合間にクライアント企業との調整や求職者のフォローアップ、企業への提案資料作成など、多岐にわたる仕事をこなす必要があります。

大学のキャリアセンターも同様で、学生との面談以外に、イベントの企画や求人情報の整理、キャリア教育プログラムの運営などが業務の大部分を占め、学生との面談は業務全体のほんの一部に過ぎません。これは、求職者との面談が中心だと思われているハローワークも同じです。

そして、何より覚悟しておくべきことがあります。それは、「給料が今より下がる」という現実です。特に未経験で転職する場合、ほとんどのケースで給与水準が低くなります。資格は関係ありません。

公共施設や大学のキャリアセンター、福祉施設での仕事は、ほとんどが契約社員や非常勤で、正社員ポジションは極めて稀です。そのため、給料は一般企業の正社員と比べると低めです。

また、転職エージェント業界でも、スタート時の給与は高くないのが現実で、結果を出して初めて報酬に反映される仕組みが主流です。その「結果を出す」には、キャリアコンサルティングの技術だけでなく、他のビジネススキルも必要になってきます。

果たして、資格を持っているからといって、未経験の仕事ですぐに結果を出せるのか。なかなか厳しいと思われます。

給料が下がる。それで皆さんの生活は成り立つでしょうか？ キャリコンの資格を活かした転職を目指すとしても、家族や最低限の生活水準といった守るべきものがあるのなら、給与や雇用形態に対して現実的な視点を持たなければなりません。

・今の収入よりも下がっても構わないと腹を括れるか？
・それでも、コンセプトシートに基づいた道を選びたいか？

この問いに対する覚悟こそが、転職を成功に導くカギとなるのです。

▼キャリコンを活かした転職で得られるものと失うもの

転職は確かに、新しい環境でキャリアを再スタートさせる大きなチャンスです。しかし、その一方で、転職によって得られるものもあれば、失うものもあります。

私自身、10回転職を経験していますが、得るものが多かった転職もあれば、逆に失うものばかりだった転職もあります。転職活動自体を断念せざるを得なかったこともあります。

キャリコンの資格を活かすための転職を成功させるには、この「得られるもの」と「失うもの」を冷静に見極め、慎重に判断することが最も重要です。

得られるものとしてまず考えられるのは、新しい知識やスキル、経験です。特に、今の職場でキャリアの停滞を感じている場合、新しい環境に飛び込むことで、自分の可能性を広げることができます。「助けたい人」と直接関わり、キャリアコンサルティングの技術を存分に活かす機会も増えるかもしれません。そうした場に自分を置くことで、技術も磨けますし、やりがいや自己成長も得られます。たとえ面談の機会が少なくても、自分が目指すキャリアを歩めるのなら、満足感も得られるでしょう。

一方で、失うものも確実に存在します。資格を活かした転職では、転職先の仕事はほぼ未経験で「ゼロからのスタート」となるため、今の職場で築き上げた人間関係や社内での信用、そしてこれまでの実績も、すべて一度リセットされます。新しい職場で信頼を築き直すには時間と労力がかかり、すぐに成果を出せる保証はありません。キャリコンの資格を活かしただけの転職だと、給料や待遇が今よりも下がる可能性が高いことも現実として受け入れなければなりません。

万が一、転職後に期待していた「キャリアコンサルタントの仕事」が実現できない場合、逆に不安やストレスを感じることもあり、最悪離職してしまいます。だからこそ、「転職で何を得て、何を失うのか」をちゃんと見極めてください。

結論として、資格を取ったから転職する、は安易だということです。私も若い頃、出版業界に転職すべく会社を辞めた後、校正の技能検定を勉強しながら転職活動をしたことがあります。しかし、試験に落ちる、書類選考もまったく通らないという体たらくだったために断念しました。

資格だけに頼った転職活動の最悪な末路は、転職自体をあきらめてしまうことなのです。

▼キャリコンが活躍できる職場とは

耳の痛い話ばかりしていますが、これが今の現実です。キャリコンのニーズは、想像以上に限られています。求人情報やSNSで探しても、キャリコンが専門職として活躍できる場は、前述の公共機関や教育機関などの一部に限られ、市場の需要は大きくありません。資格を取得したからといって、仕事が待っているわけでも、雇用されるわけでも、転職成功するわけでもありません。

もし、あなたが「面談を仕事にしたいだけ」という理由で転職を考えているのであれば、それは甘い期待です。ハッキリ言って辞めましょう。「面談ができるから」という理由だけで転職を決断してしまうと、現実とのギャップに苦しむことになります。キャリア面談だけで十分な給与が得られる職場は、断言しますが雇用である限りこの世に存在しません。これは対人支援として類似の民間資格であるコーチやカウンセラーも同じです。

それなら、むしろ後述する副業としてキャリア面談を提供する方が、現実的かつ効果的な選択肢です。

副業なら、本業と並行して実際の面談回数を少しずつ重ねて実績を積み上げることができます。「面談だけしたい」という動機であれば、転職より副業が適しています。「助けたい人だけを相手にできる」という副業のメリットは、「どんな相手でも、どんな悩みでも面談しなければならない」責任が生じる雇用と比べると、非常に大きいのです。

心理学者アンダース・エリクソン博士が提唱した「1万時間の法則」があります。これは、ある分野で一流になるためには、1万時間の練習や努力が必要だというものです。「1万時間、面談してプロになる！」といった理由で転職しても、実際に1万時間面談を積むには何十年もかかります。この視点から見ても、「助けたい人だけを相手にできる」副業で経験を重ねる方が現実的です。

話は若干逸れますが、コーチやNLP資格のように、実際の面談を数十回行わないと資格登録できないようにすれば、と個人的に思っています。

一方で、「救いたい人のためには転職するしかない」、「転職することがもっとも効率的だ」という強い想いを持っているのであれば、その想いに従って転職すべきです。「誰を助けたいのか？」を明確にし、その目的を達成するために転職を手段として使うのです。

助けたい人が具体的に存在し、あなたがその人たちに貢献できる職場であれば、給料が下がったとしても、やりたくない事務作業に明け暮れても、やりがいや納得感を得られるでしょう。


あなたが心から助けたい人に対して、転職が本当にベストな選択肢かどうかを、「探求の螺旋」を回しながらモデリングの対象に聴くなどして、自分に問い続けてください。

……あ、給料を少しでもアップする転職がしたいのであれば、『年収300万円から脱出する「転職の技法」』をお読みください（CM）。

第5章　副業を通じて価値を広める方法

コンセプトシートに書きだした、あなたの顧客セグメント＝助けたい人を、本業以外の時間で助けたいのであれば、副業で行うのが最も現実的、かつ効率的です。

副業なら、助けたい人だけに集中でき、隙間時間で面談などを行うことが可能です。オンラインやSNSを活用すれば、全国どこにいても、誰とでも簡単につながれる時代となりました。コロナ禍を経て、副業を始めるには理想的な環境が整っています。

しかし、いざ「副業を始めるぞ！　助けたい人の課題を解決して、お金を得るぞ！」と意気込んでも、何から始めればいいのかわからない。一歩目の踏み出し方がわからない。という人がとても多いのが現状です。

そのため、起業塾や起業コンサルタント、果ては「今のキャリコンには足りないものがある！　だけど、この資格を学べば大丈夫！　対人支援の仕事が得られますよ！」と煽られて、過去の私みたいに高額な民間資格に手を出す人もいます。そんなヒヨコ喰い

（副業やビジネスを始めたい！との熱い想いだけでまだ何も知らない人を専門に、高単価商品や講座を売りつけるだけでフォローも仕事の紹介もしない悪質な業者のこと）に引っかからないためには、この本があれば大丈夫です。本書で紹介する内容は、すべての起業塾や起業コンサルタントが基礎にしている、原理原則に基づいたアプローチだからです。

▼副業の3STEP

最初の一歩は、すでに皆さん踏んでいます。それがコンセプトシートの作成です。コンセプトシートには、キャリコンの技術が活かせるだけでなく「元手がかからず、副業でもそこそこ稼げて、感謝もされる」スモールビジネスの本質である「【STEP1】コンセプト」、「【STEP2】商品」、「【STEP3】セールス」の3STEPが内包されているからです（図13）。

ここでは、それぞれのSTEPを1つひとつ解説します。

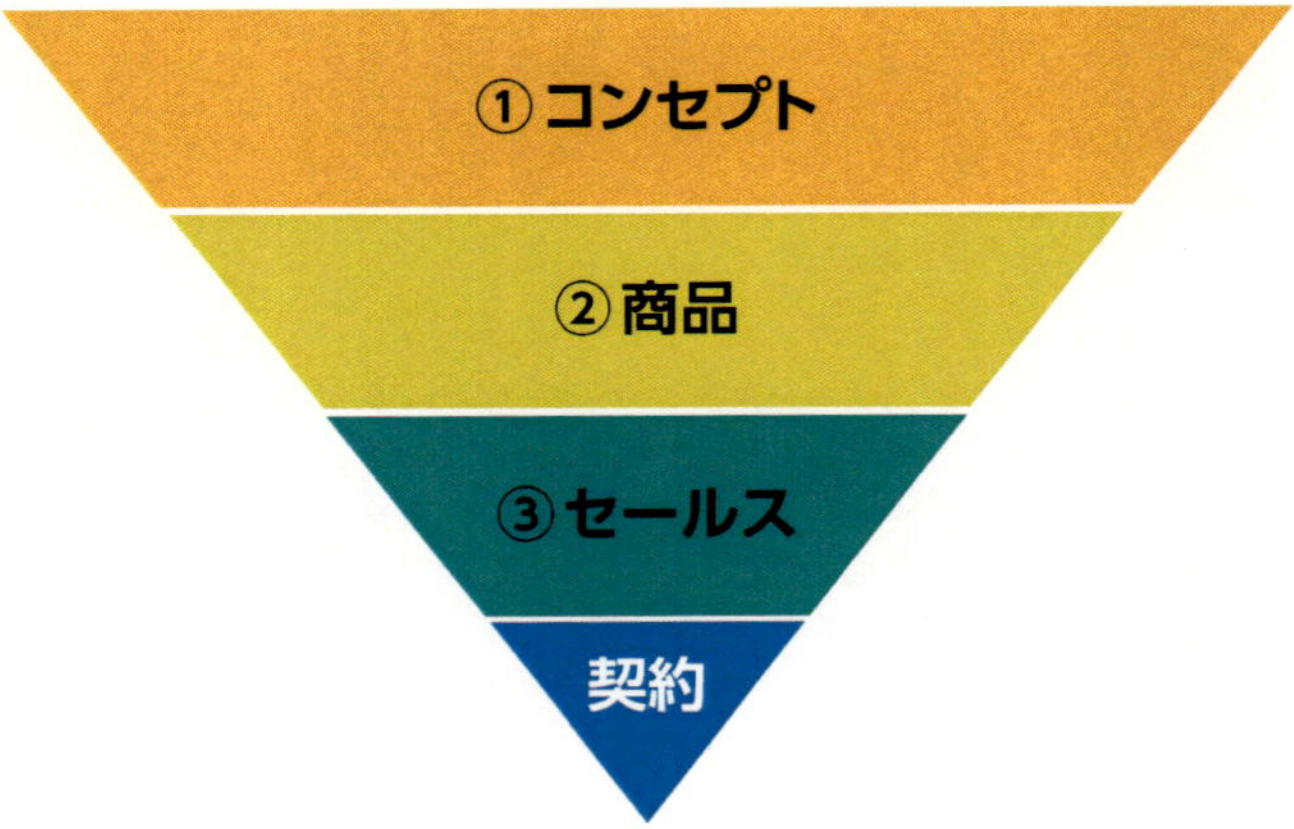

図13：スモールビジネスの3STEP

【STEP1】コンセプト

コンセプトとは「選ばれる理由」です。なぜ顧客から選ばれるのか、その理由です。同じキャリコンなのに、なぜあの人は「お願いします」と依頼され、あなたには声がかからないのか。その答えが、コンセプトの力です。だからこそ、3STEPの中でも最優先で固める必要があります。

【STEP2】商品

商品とは「売れる理由」です。あなたが顧客に提供する価値そのものです。どんなソリューションを、いくらで、どのように提供するのか。それが顧客に伝わらなければ、選ばれることはありません。コンセプトと重なる部分もありますが、商品の具体性を持たせるため、優先順位は2番目です。

【STEP3】セールス

セールスとは「稼げる理由」です。あなたのコンセプトと商品を、どうやって助けたい人に届けるのかです。

副業の初期には自ら動いてセールスしなければ売れません。どれだけキャリアコンサルティングの技術を磨いても、キャリア理論を学んでも、SNSで集客しても、コンセプトと商品がしっかりしていないと売れないので、優先順位は3番目です。

この3STEPは、コンセプトシートに基づいて次の6つの質問に答えれば、すぐに作り上げられます。

■コンセプト作成のための3つの質問

①「あなたは何を提供できる人ですか?」（興味喚起）

②「なぜあなたはそれができるのですか?」（想い、実績）

③「それは顧客に何のメリットがありますか?」（提供価値）

■商品作成のための3つの質問

①「なぜ、あなたがその商品を提供できるのですか？」（正当性）
②「なぜ、その金額で顧客が買うのですか？」（選択性）
③「なぜ、いまその商品を買わないといけないのですか？」（即時性）

これらの質問の答えを落とし込んだらセールスの準備は整います。しかし、初めての副業で０→１を達成するためには、今のコンセプトシートでは不十分な可能性が高いです。価値提供やソリューションの欄に、ＮＧワードが入っていることが多いからです。

そのＮＧワードとは、前述の「キャリコンとして」以外にも、あと３つあります。

・傾聴
・寄り添う
・伴走支援

これらは、私たちがつい使ってしまいがちな言葉ですが、もしコンセプトシートに入っているのなら、今すぐ消し去ってください。今の職場での貢献や、転職して新しい環境に挑戦する場面なら役立つかもしれませんが、副業を通じて価値を広める際には不要です。どれも私たち以外のカウンセラーやコーチ、コンサルタントも当たり前に行うことなので、それ自体に商品価値はありません。ちなみに、本書ではこの3つの単語をここまで一度も使っていません。

私たちが行うべき「キャリアコンサルタントの仕事」とは、課題を解決することです。傾聴はそのための手段に過ぎませんし、相手の感情や困難に共感して支える寄り添いや、問題に直面している当事者が主体的に解決策を見出せるように包括的な支援を行う伴走支援は、カウンセリングマインドを持つコンサルタントである私たちキャリコンなら誰でも当たり前にできることです。

また、頼まれてもいないのに「寄り添う」、「伴走支援」すると言っている時点で相談者を下に見て、それらを施そうとしているように感じてしまいます。厳しい言い方をすると、これらの行為自体にビジネス的な価値はないのです。対等な立場で顧客の課題を解決しない限り、私たちの存在価値は認められません。

想像してください。「悩みを傾聴します！」、「あなたに寄り添います！」、「最後まで伴走支援します！」と、さも知った顔で提案してくる輩に、わざわざお金を払って相談を依頼するでしょうか？　何も技術的に解決思考アプローチ（ＳＦＡ：ソリューション・フォーカスト・アプローチ）をしろ、というわけではありません。悩みの解決策が具体的に提示され、解決後の理想の姿がイメージできない限り、顧客は買わないというだけです。

今一度、コンセプトシートを磨くために「探求の螺旋」を回してみてください。私たちが行う「キャリアコンサルタントの仕事」を通じての価値提供は、隙間時間のアルバイトのような誰でもできる＝時給計算が簡単（最低時給）なものではないはずです。コンセプトシートにおける価値の金額換算、おいくらでしたか？　その金額、本当に支払ってもらえそうですか？

……そうそう。「キャリアコンサルティング」という言葉は何度も使っている通り、

NGワードではありません。助けたい人の課題解決のためのソリューションとして、対話によって顧客の痛みや苦しみといった悩みを解決できるキャリアコンサルティングは非常に有効です。

しかし、それ自体が目的化すると、ビジネスの幅が狭まり、収益に結びつきにくくなります。

キャリアコンサルティングはあくまでも手段であり、商品やサービスではありません。副業やビジネスを展開する際は、この技術を用いてどうやって顧客の課題を解決するのかを、最優先で言語化しましょう。

▼今売れ、すぐ売れ、さっさと売れ

あなたが稼げる理由、コンセプトに基づいた商品を顧客へ販売するのが「セールス」です。つまり「売る」という行為ですね。「売る前に、集客が先では?」と疑問に思うかもしれませんが、それは逆です。

どんなにマーケティングを学んでも、どんなにブログを書いても、どんなにSNS

で発信しても、人が集まるだけで商品は売れません。SNSなどでの情報発信やスキルシェアサービスへの登録は、売った経験を積んでからです。

まずは、自分の商品をセールスする、その体験を早くしてください。オンラインでもオフラインでも、集客は一度「セールス」という啓発的経験を積んでから考えるべきものです。

私自身、最初は「集客しなければ」とセミナーや交流会、SNS発信に励みましたが、そこで出会った数名の見込客にさえ商品が売れないことに苦労しました。スキルマッチングサービスは登録しただけで諦めました。人を集めただけでは、商品は売れないのです。

売らないと売れません。どれだけ集客ができても、売れなければ売上はゼロです。これも1ヶ月以内にやってしまいましょう。

多くの人が「売るのが怖い」と感じるのはよくわかります。人の話を聴く専門だから、自分から話かけるセールスは苦手。そう思い込んで避けてしまうキャリコンは、私の体感ですが9割近くいます。

セールスしなければ、相手を救えません。そこで、「セールス＝相手を助ける」というマインドを持つのはどうでしょうか？　目の前の相手を助ける、全身全霊で相手を救う。これがセールスの本質なので、そう考えると、少し気が楽になりませんか？

私たちから話しかけないと、相手は商品やサービスを手に入れられませんし、知ることすらできません。あなたが動かないことは、困っている人から助かる機会を奪っているのと同義なのです。断られたとしても、相手の自己解決力を信じればいいです。声をかけるだけで「救われた」と感じてくれる人や、力を得る人もいるのです。

私も最初は怖かったです。「お金がない」、「時間がない」、「今はいいです」と断られるたびに、まるで自分全体が否定されたようにも感じました。私自身に価値がないと言われたかのように。商品が売れなかっただけで、そんなことないですよね。セールスあるあるです。

今では空気を吸うようにセールスできるようになりましたが、それだけ様々な売る経験を積んだからです。

当時は「次もどうせうまくいかない」とマイナス化思考に囚われていたときもあり

ました。セールスは「やり方」だけでなく、「あり方」も問われる行為です。コンサルタントのように「自分自身が商品」である副業やビジネスでは、この「あり方」が特に問われます。これは私たち以外のコンサルタントにも、コーチにも、カウンセラーにも、アドバイザーにも、すべてに共通していることです。

キャリアコンサルタントはすべての要素を包含しているので、自分自身の立ち位置を「あり方」として自己決定することが大切です（図14）。

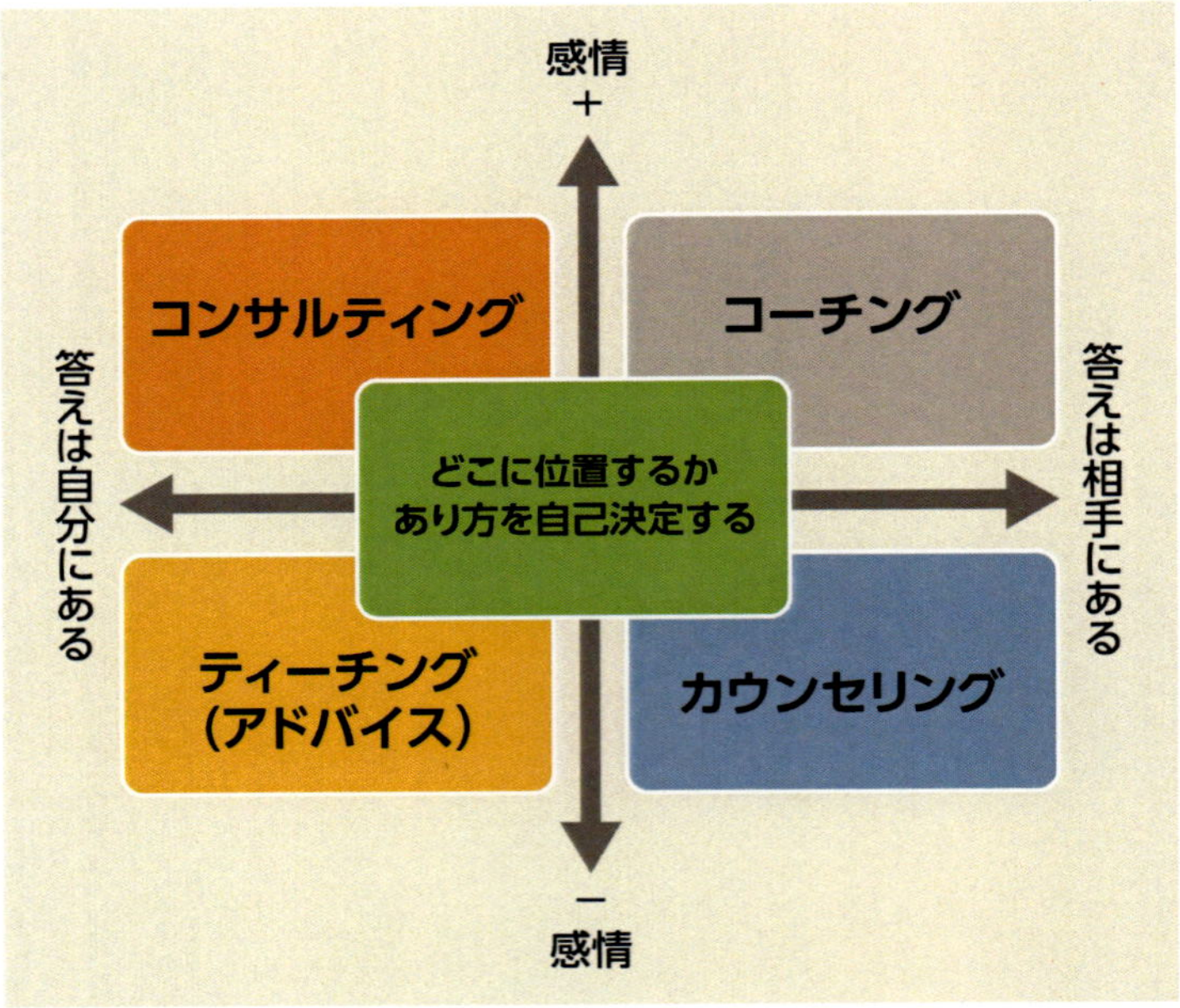
感情
＋
コンサルティング
コーチング
答えは自分にある
どこに位置するか
あり方を自己決定する
答えは相手にある
ティーチング
（アドバイス）
カウンセリング
－
感情

図14：あり方

セールスの最初は、誰もが抵抗を感じます。だからこそ、まずは身近な人から始めましょう。養成講座の同期やコミュニティ仲間などの信頼できるキャリコン仲間に声をかけてみてください。練習の位置付けで、金額も価値の換算額ではなく、有料であればワンコインでいいです。あなたのことを理解している人たちでもありますから、失敗のリスクも少なく、セールスを受けてくれるはずです。もしかしたら買ってくれるかもしれませんし、助けが必要な人を紹介してくれるかもしれません。セールスに対する感想やフィードバックも得られるでしょう。

成功体験を積むことで自信がついてきます。自信を得るためには、「売る」しかありません。「売れるようになってから売る」と考えるのは、「泳げるようになってからプールに行く」という、ドラえもんののび太の名言と同じです。泳げるようになるには、プールに行って苦しくても身体で泳ぎを覚えながら成功体験を積み重ねるしかないのです。

成功体験を得ていけば、自信がついてきます。一度10メートルも泳げるようになれば次回からスムーズに泳げます。それが啓発的経験の効果です。私の推しメン（理論家）であるバンデューラ博士も、自己効力感を高める最良の方法は成功体験と定義しています。

たとえ最初のセールスがうまくいかなかったとしても、それも学びの一部。失敗は何にでもつきもので、副業も例外ではありません。失敗しても、命を失うわけではありません。ただ少し心が痛むだけです。でもそれは、慣れていく過程で乗り越えられるものです。身近な人からは応援の意味も込めて、自己効力感を高める言語的説得をきっと貰えますから、まず売ってみてください。

※セールス経験を積むためとしては、有料ロープレなどの試験対策でもいいです。売りやすいですし、抵抗感もないでしょう。楽しくて居心地が良くてたまらないのがロープレ会ですからね。

ただし、試験対策をやりたくて資格を取った人は極少数でしょうから、試験対策に留まらず、コンセプトシートに基づいたセールスを早めに体験してみましょう。啓発的経験は、それだけで大きな成長をもたらしてくれますから。

▼狩猟（フロー型）と農耕（ストック型）で動く

知り合いや仲間といった身近な人に、副業のセールスをしてみて、もしそれが売れたのなら、晴れて副業の0→1達成です。おめでとうございます！

「身近な人に売れたのはカウントしていいの？」と思うかもしれませんが、私は問題ないと考えています。ただ、「本当に助けたい人に届いているのか？」と考える人も多いと思うので、今はまだ知らない誰かを探し出す方法を2つお伝えします。

それが、「狩猟（フロー型）」と「農耕（ストック型）」です（図15）。

項目	狩猟（フロー型）	農耕（ストック型）
説明	助けたい人を直接探しに行き、イベントや交流会、リアルな接触を通じてセールスを行う手法。短期的にセールスをすることが特徴。	オンラインやSNSを活用し、時間をかけて情報発信を行い、顧客が自ら見つけてくれることを期待する手法。長期的に信頼関係を築くことで、継続的に集客できる。
メリット	すぐに結果が出やすく、短期間で売上を作れる。 リアルな対面で信頼を築きやすい。	コンテンツが資産としてストックされ、時間が経っても集客に繋がる。 自動的に顧客が集まるため、継続的な関係を構築できる。
デメリット	常に新しい顧客を探し続ける必要があるため、継続性が乏しい。 フォローアップや関係維持に時間がかかる場合がある。	成果が出るまでに時間がかかるため、短期的な効果が期待できない。 コンテンツ作成や運用に手間や時間がかかる。
効果	短期的（即時的にセールスを行い、結果が出やすい）。	長期的（信頼を構築し、顧客が見つけてくれるまで時間がかかる）。
対象	新しい顧客を短期間で獲得したい場合に適している。	時間をかけて信頼関係を築き、継続的に顧客を集めたい場合に適している。

図15：狩猟と農耕

「狩猟」とは、助けたい人を「探しに行く」方法のことです。オンラインでもリアルでも、「助けたい人はどこにいるのか？」を考え、その人たちがいそうな場所へ行って「あなたのお悩み、私が解決します！」と声をかける。それが狩猟です。

なんだかナンパみたいに聞こえますが、これが一番早いセールスの方法です。オンライン・オフライン問わず、様々なイベントやセミナー、交流会が日々開催されています。助けたい人がいそうな場所をリサーチして、行動に移してみてください。

私はリアルの交流会で、今の顧問先の社長と知り合い、意気投合して、そこから契約に至った経験があります。実際に行って、会って、聴いてみれば、意外なご縁が生まれることも多いのです。

ここで注意すべきは、決して「売り込み」をしないことです。純粋に相手に価値を提供する姿勢を持ち、「ぜひあなたから買いたい！」、「あなたに助けてほしい！」と顧客に選んでもらうことが肝心です。そのために必要なのは、私たちなら誰もが空気を吸うようにできる「信頼関係の構築」です。

セールスの成功は、ほとんどが「信頼関係の構築」と「ニーズに合致するか」によって決まります。今の世の中は、商品やサービスが溢れており、特にキャリアコンサルティングのような無形財は「何を買うか」よりも「誰から買うか」が重視されています。私たちも、信頼できない人からキャリアコンサルティングを受けたいとは思いませんし、自分のニーズに合わないサービスにはお金を払いません。

皆さんなら、信頼関係を築く技術は既に習得しているはずです。また、顧客が望む理想の状態を実現するために何が必要か、自己理解や仕事理解を促して「見立て」をするのも得意でしょう。ここまでできれば、あなたの商品はほぼ売れたも同然です。副業の0→1が達成できます。

そんな狩猟を体験した後、すぐに始めてほしいのが「農耕」です。主にオンラインやSNSを活用した情報発信を通じて、助けたい人に自分を見つけてもらう方法のことです。

今や「誰から買うか」が重視されており、顧客は商品やサービスがどのような想いでどうやって生まれたのか、誰が提供しているのか、その背景にある「キャリアストーリー」に関心を持っています。

この背景に共感してもらうためには、コンセプトシートに基づいた情報発信を通じて信頼関係を築いていく必要があります。時間はかかりますが、続けていくことでいずれ「あなたの商品が欲しい」と考える人が目の前に現れるようになるのです。これが、農耕から収穫に至るプロセスです。

農耕という情報発信は、「資産」として積み上がっていきます。ブログやＹｏｕＴｕｂｅ、ＳＮＳといったメディアでの記事や動画、投稿がストックされることで、日に日にあなたの存在が多くの人の目に留まる可能性が高まります。しかし、この方法は収穫まで時間がかかりますし、その時間がどれくらいなのかも予測できません。

ですので、まずは狩猟に動く。そして、長期的な視点で農耕していく。このハイブリッド型で「売り込む」のではなく「選ばれる」セールスを進めていけば、副業の０↓１↓10への道が広がります。

▼集客のじょうごを手に入れる

副業の0→1を達成したら、やっとSNSなどでの情報発信やスキルシェアサービスへの登録といった農耕、いわゆる「マーケティング」に取り掛かることができます。まずコンセプトを固め、商品を作り、助けたい人を見つけてセールスする。この流れを着実に繰り返し、副業の0→1を突破して初めて、マーケティングが必要となります。

マーケティングとは、私たちが助けたい人を目の前に連れてくるための手助けであり、加速装置です。ここでは、その「集客のじょうご」について設計する方法をお伝えします。

「じょうご」とは、口の狭い容器に液体を注ぎ込むための道具です。らっぱのような形をしていて、広い入口から液体を注ぎ、狭い出口から流し込む。それと同じように、最初は多くの人にアプローチして、最終的には少人数の「助けたい人」が商品を購入してくれる、という流れを作るのが「集客のじょうご」です。マーケティングファネルとも呼ばれますね。

この「じょうご」を、自分のターゲット顧客に合わせて設計していきましょう。オンラインでもオフラインでも、デジタルでもアナログでも構いません。すべてを混ぜ合わせた「じょうご」の一例がこちらです（図16）。

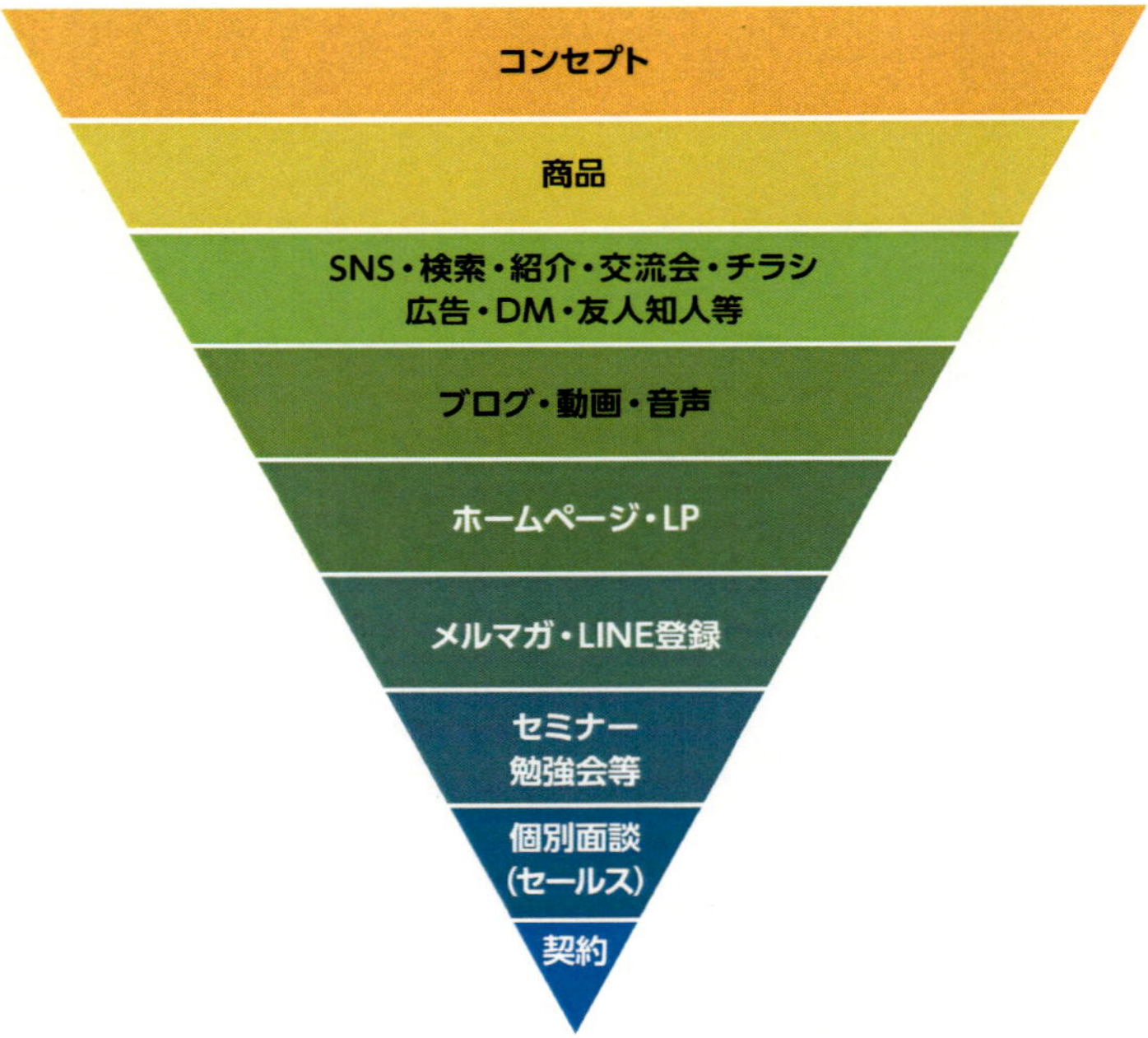

コンセプト
商品
SNS・検索・紹介・交流会・チラシ
広告・DM・友人知人等
ブログ・動画・音声
ホームページ・LP
メルマガ・LINE登録
セミナー
勉強会等
個別面談
(セールス)
契約

図16：集客のじょうご

この全てを実行するには年単位の時間がかかるため、トライ&エラーを繰り返しながら、自分なりの形を整えていきましょう。

副業の初期は、スキルシェアサービスとSNS（X、Ｉｎｓｔａｇｒａｍ、ＴｉｋＴｏｋ、Ｆａｃｅｂｏｏｋなど）とリアルな交流会を組み合わせたハイブリッド型をオススメします（図17）。

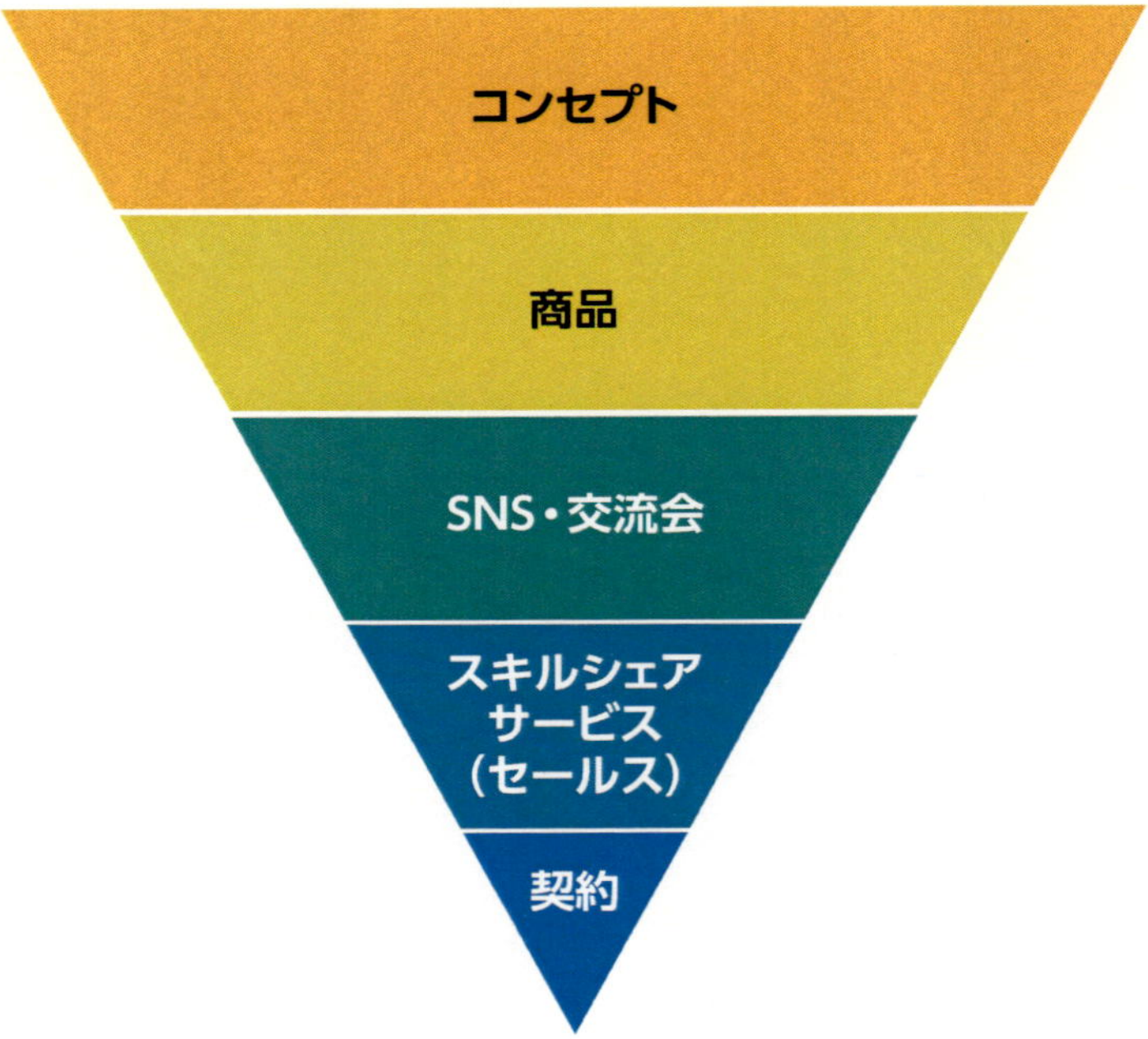

図17：副業初期の集客のじょうご

スキルシェアサービスのマイページには商品を登録でき、キャリアストーリーも掲載できます。ただ、ページを作成しただけでは誰も見に来ません。どのように情報を見てもらい、顧客を誘導するかをしっかり考えていきましょう。スムーズに上から下へと流れ出す「じょうご」ができれば、副業は1→10→100と拡大していきます。

ちなみに、最強の集客方法は、「対面でのアナログ声がけ」です。DMや手紙、メッセージを送るのも強力ですが、まずは直接の声がけを実践してください。

究極的には、セールスそのものをなくしてくれるのがマーケティングです。しかし、マーケティングは本当に奥が深く、私自身もその域には達していません。

「スマホ1台で楽々集客！」、「誰でも簡単！　副業で月収50万確定！」、「一切営業しなくても相談者が殺到！」といった謳い文句がネットには溢れていますが、どんな状況でも副業やビジネスの本質は変わりません。原理原則は常に同じで、セールスしなければ始まらないのです。マーケティングを学んでも、すぐに自動で集客や販売ができるわけではありません。

まずは、副業の0→1を達成すること。次に、「集客のじょうご」を設計して、1→

10に拡大するために運用してみてください。「じょうご」の中身は人によって違います し、副業やビジネスのステージによっても異なります。自分に合った情報発信の方法を見つけ、継続できそうなメディアを選んでください。何よりも、助けたい人に届いているかどうかを常に意識しながら進めていきましょう。

最後に、副業がうまくいくとされる方法についてお伝えします。それは、本書で述べている内容そのものですが、これをそのまま実行すれば必ず成功する、というわけではありません。確実に成功する副業の方法というものは存在しません。

唯一確かなのは、コンセプトを固め、商品とセールスを整え、そのうえで「集客のじょうご」を組み立てて、何度も実験を重ね、フィードバックを得ることです。そして、何度でも「探求の螺旋」を回し続け、決してあきらめないことです。

これこそが、副業を通じて価値を広めるキャリアコンサルタントの「成功戦略」なのです。

おわりに　～キャリアコンサルタントの価値を広める～

今の職場や、転職後の会社、副業を通じて「キャリアコンサルタントの仕事」ができるようになったら、ぜひ意識してほしいことがあります。それは、堂々と「キャリアコンサルタント」と名乗ることです。

職場で研修を担当する、キャリア相談を受ける、交流の場を作る、本を出版する、SNSで影響力を持つなど、いろいろな形で人や組織、社会に貢献していても、資格名を名乗らない人は少なくありません。

まるで秘密結社や隠れキリシタンのようにひっそりと活動するのは、もったいない話です。私たちはもっと、自信を持って名乗るべきです。

中には、「キャリアコンサルタントと名乗ると、転職や就職相談だけの専門家と思われてしまう」という声もあります。副業やビジネスで自分のやりたいことには邪魔だ、と考える人もいるでしょう。また、単に恥ずかしい、資格をひけらかすのは嫌だ、他のキャリコンと一緒にされたくない、という気持ちもあるのかもしれません。そういった羞恥心や遠慮、虚栄心は捨てましょう。

私は自分の名刺に「キャリアコンサルタント・中小企業診断士」と資格名を明記し

ていますが、キャリアコンサルタントを先頭に書いています。このような小さな積み重ねが知名度や認知度を高め、結果的に私たちの価値を高めていきます。私たちが率先して「キャリアとは何か？」、「キャリアコンサルタントとは何か？」を自分の言葉で発信していくこと自体が貢献になるのです。

▼情報発信で自己実現に近づく

ここまで本書を読んで実践してきた皆さんは、「キャリアコンサルタントの仕事」を通じて自己成長を感じていると思います。だからこそ、次に取り組むべきは、その成長を「情報発信」という形で表現することです。

あなたがどんな経験を積み、どのように成長してきたのかを外に向けて発信することで、次のステージが開けます。情報発信を通じて他者に価値を提供しつつ、自分自身を高めていくのです。

情報発信のメディアは、ブログ、SNS、YouTube、ポッドキャストなど、どれでも構いません。大切なのは、キャリアコンサルタントを名乗り、その専門性を活かした発信をすることです。守秘義務に気をつけつつ、自分の経験や知識を「役立つ情報」として提供する。たとえ相談者の許可を得ていても個人情報を発信に利用することは厳禁ですが、普遍的なキャリアの問題や解決策は誰にとっても参考になります。自分の学びを共有することで、他のキャリアコンサルタントや相談者にとっても有益な情報源となり、共感を呼び起こすことができるのです。

情報発信を通じて得られる共感は、あなたのキャリアにおいて強力な効果を生み出します。

他者とのつながりや信頼を築き、評価されることで、さらなる成長のきっかけになります。共感や感謝を受けることは、自然と承認欲求を満たし、私たちが社会に貢献しているという実感も深めてくれます。それは個人的な満足感を超えて、社会全体への貢献にもつながり、マズローの欲求5段階説の自己実現への扉を開いてくれるでしょう（図18）。

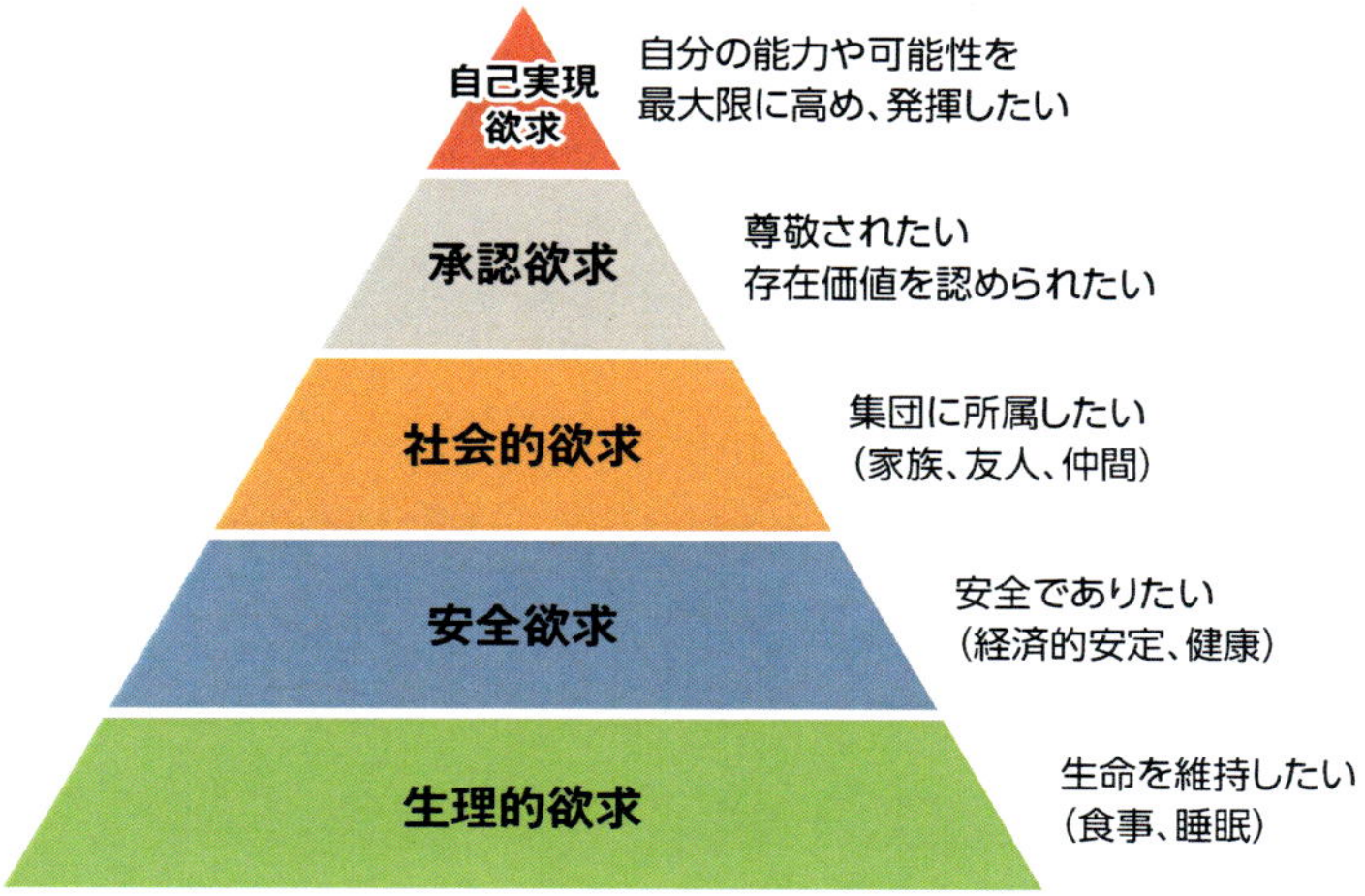

図18：マズローの5段階欲求説

こうした過程を繰り返す中で、自然とブランディングも進んでいきます。ブランディングというと難しく感じるかもしれませんが、自分がどのように他者に貢献しているか、どんな価値を提供しているかを伝えることが、結果的にあなたを信頼できる存在として確立させるのです。

情報発信によって、後進のキャリコンやこれからキャリアを築こうとしている人にとって、あなたは貴重なモデリングの対象となります。「自分もこんな風に成長できるかもしれない」、「この人のように貢献できるようになりたい」という希望を与えられる人間になれるのです。

情報発信は決して自己満足のためだけではなく、未来のキャリコンを支え、育てるための貢献でもあります。あなたが成長していき、情報を発信し続けることで、多くの人がそれに勇気を得て自分らしい道を進んでいくでしょう。

自己成長と社会貢献の両方を見据え、さらなる高みを一緒に目指しませんか？

▼「行動の螺旋」を回し続ける

「行動の螺旋」とは、キャリアコンサルティングの6つのステップを実践する中で、④意思決定、⑤方策の実行、⑥適応の３つを繰り返し行うことです。「探求の螺旋」で方向性を決めて行動した後に、この「行動の螺旋」を回すと、自分の成長を加速させ、次なる目標に向けて進んでいけます。

「探求の螺旋」をたいして回さずに、いきなり「行動の螺旋」に飛び込んでしまうと、目的や目標を達成することができません。多くの人が新しい年の初めに立てた目標をまったく達成できない理由でもあります。

私を含めて、多くの人が「今年こそ○○をやるぞ！」と意気込んでスタートしても、時間と共にモチベーションが下がったり、方向がずれてしまったりした経験があるでしょう。それはひとえに「探求の螺旋」を十分に回さなかったためです。

「探求の螺旋」と同じように、「行動の螺旋」を何度も回すことで「3年後になりたい自分」に近づいていくことができます。目標をただ決めて掲げるだけではなく、その達成に向けて実際に行動を繰り返し、新たなフィードバックを得て、結果を分析しながら改善・適応していく。こうした「行動の螺旋」を何度も回して経験を積み重ねることができれば、あなたのキャリアは自然と広がっていきます。

私自身も、この「探求の螺旋」と「行動の螺旋」を繰り返すことで、キャリアの節目において大きな成長を遂げてきました。自分の道を見つけて、それを歩む中で、日々の行動を改善しながら進んでいく。キャリアの中で何度も回してきた2つの螺旋こそが、これからのあなたを作り上げていくのです。

「探求の螺旋」であなたの価値を見つけて磨いていき、「行動の螺旋」でその価値を広めていく。もし、違う「キャリアコンサルタントの仕事」をやりたくなったら、2つ目の螺旋を別に作って回していく。これを繰り返すことで、あなたとキャリコンの価値を高められ続けます。

皆さんが、さらに多くの人に貢献できる存在になっていくために、自分で選択した悔いのない「キャリアコンサルタントの仕事」をする切っ掛けと本書がなったのなら、これ以上の喜びはありません。

まずは、キャリアコンサルティングを受けるところから始めましょうか。

あとがき

最後まで読んでいただき、誠にありがとうございます。

本書の企画は、２０２０年11月に発売された「年収１０００万円超のキャリアコンサルタントが実践する『売れる！ スモールビジネスの成功戦略』」（明日香出版）の最新版として、またキャリコン向けに特化させたリプレイス版として始まりました。ところが、書き進めるうちに内容の約９割がまったくの新作となり、「副業を通じて価値を広める方法」の一部以外は使い回しができませんでした。それだけ、この４年間で自分自身がアップデートしてきたのだと感じています。※もちろん、『売れる！ スモールビジネスの成功戦略』は今でも通用する本質的な実践本です。

『売れる！ スモールビジネスの成功戦略』は、スモールビジネスや副業、起業に特化した内容であり、読者対象も対人支援サービスに興味がある人全般に向けたものでした。それに対して、本書はキャリコンのみを対象としており、特に資格取得直後の人をメインターゲットとしています。

さまざまな選択肢を提示すると同時に、副業や起業をとことんやってみたい人向けには『売れる！ スモールビジネスの成功戦略』や、その発展形であるＹｏｕＴｕｂｅ

動画「時給1万円稼ぐキャリコンBiz動画講座」への橋渡しとしても役立つ内容となっています。そのため、「キャリアコンサルタントとはどんな資格か?」や「キャリアコンサルティングとはどんな技術か?」といった、皆さんならすでにご存知のことはすべてカットしました。それくらいニッチな本として書きました。

現在でも、SNSやブログ、YouTubeなどでは「キャリアコンサルタントの資格は取っても活かせない」、「役に立たない」、「稼げない」といった声が少なくありません。しかし、それって本当なのでしょうか?

私はこうした言説に、これからも真っ向から対抗していきます。キャリアコンサルタントが「厚生労働省編職業分類」に職業として認められ、誰もが自由に選択できる社会を実現できるインフラとなる日まで、この資格の活かし方と価値を伝え続ける覚悟があります。

最後に、本書の執筆にあたりご協力いただいた一般社団法人リベラルコンサルティング協議会の皆さんに心より感謝申し上げます。特に、「黒歴史」という表現を考案してくれた本間美香子さん、「探求の螺旋」のヒントをくださったキャリア・トライアングル提唱者の平井厚子さん、そして、いつも私の極論を笑いながら聞いてくれるＹｏｕＴｕｂｅのパートナー、矢野圭夏さんに、深く感謝しています。

この本で少しでも多くの人が私の想いに賛同してくれることを、これからの皆さんのキャリアとキャリアコンサルタントの可能性と共に信じています。

２０２４年10月

森田 昇

著者紹介

森田 昇（もりた のぼる）

スモールビジネス構築コンサルタント

株式会社あさみコンサルティングファーム代表取締役、株式会社ProsWork取締役、株式会社S取締役。

2017年の独立後、自身が10回転職した過去の痛み、中小企業経営者としての苦しみ、そしてキャリアコンサルタント／中小企業診断士としてのコンサルティング理論と経営理論を融合したスモールビジネス構築コンサルティングを中小企業や個人事業主、フリーランスに展開している。

著書に『売れる！スモールビジネスの成功戦略（明日香出版）』『年収３００万円から脱出する「転職の技法」（日本能率協会マネジメントセンター）』『生涯収入を最大化する「就活の技法」（日本能率協会マネジメントセンター）』がある。

●お断り

掲載したURLは2024年11月1日現在のものです。サイトの都合で変更されることがあります。また、電子版ではURLにハイパーリンクを設定していますが、端末やビューアー、リンク先のファイルタイプによっては表示されないことがあります。あらかじめご了承ください。

●本書の内容についてのお問い合わせ先

株式会社インプレス
インプレス NextPublishing　メール窓口
np-info@impress.co.jp

お問い合わせの際は、書名、ISBN、お名前、お電話番号、メールアドレス に加えて、「該当するページ」と「具体的なご質問内容」「お使いの動作環境」を必ずご明記ください。なお、本書の範囲を超えるご質問にはお答えできないのでご了承ください。

電話やFAXでのご質問には対応しておりません。また、封書でのお問い合わせは回答までに日数をいただく場合があります。あらかじめご了承ください。

●落丁・乱丁本はお手数ですが、インプレスカスタマーセンターまでお送りください。送料弊社負担に てお取り替えさせていただきます。但し、古書店で購入されたものについてはお取り替えできません。
■読者の窓口
インプレスカスタマーセンター
〒 101-0051
東京都千代田区神田神保町一丁目 105 番地
info@impress.co.jp

キャリコン1年目の教科書
あなたの強みを価値に変える仕事の作り方

2024年11月8日　初版発行Ver.1.0（PDF版）

著　者　森田 昇
編集人　岡本 雄太郎
発行人　高橋 隆志
発　行　インプレス NextPublishing
〒101-0051
東京都千代田区神田神保町一丁目105番地
https://nextpublishing.jp/
販　売　株式会社インプレス
〒101-0051　東京都千代田区神田神保町一丁目105番地

印刷・製本　京葉流通倉庫株式会社
Printed in Japan

ISBN978-4-295-60353-5

NextPublishing®
●インプレス NextPublishingは、株式会社インプレスR&Dが開発したデジタルファースト型の出版モデルを承継し、幅広い出版企画を電子書籍+オンデマンドによりスピーディで持続可能な形で実現しています。https://nextpublishing.jp/